AS REGRAS DO TRABALHO

Estimado Acácio Júnior

Deus estará te guiando em todos os momentos de sua vida, principalmente na vida profissional.

Esse livro vai te trazer dicas importantes para seu dia-a-dia.

Abraço,

César

29/03/2010

AS REGRAS DO TRABALHO

Tudo o que você precisa saber para crescer profissionalmente

RICHARD TEMPLAR

SEXTANTE

Título original: *The Rules of Work – A definitive code for personal success*

Publicado em acordo com a Pearson Education Limited.

tradução
William Lagos
preparo de originais
Virginie Leite
revisão
José Tedin Pinto
Tereza da Rocha
projeto gráfico e diagramação
Valéria Teixeira
capa
Miriam Lerner
fotolitos
R R Donnelley
impressão e acabamento
Cromosete Gráfica e Editora Ltda.

CIP-BRASIL. CATALOGAÇÃO-NA-FONTE
SINDICATO NACIONAL DOS EDITORES DE LIVROS, RJ

T28r Templar, Richard, 1950-2006
As regras do trabalho: tudo o que você precisa saber para crescer profissionalmente / Richard Templar; tradução de Luis Humberto William Lagos Teixeira Guedes. – Rio de Janeiro: Sextante, 2006.

Tradução de: The rules of work: a definitive code for personal success
ISBN 85-7542-252-9

1. Sucesso nos negócios. 2. Executivos. I. Título.

CDD 650.1
06-3334. CDU 65.011.4

GMT Editores Ltda.
Rua Voluntários da Pátria, 45 – Gr. 1.404 – Botafogo
22270-000 – Rio de Janeiro – RJ
Tel.: (21) 2286-9944 – Fax: (21) 2286-9244
E-mail: atendimento@esextante.com.br
www.sextante.com.br

SUMÁRIO

AGRADECIMENTOS

Tenho uma dívida de gratidão com Rachael Stock, pois sem seu apoio, encorajamento e entusiasmo este livro nunca teria existido.

PREFÁCIO

A maioria de nós (é o que eu suponho) tem vontade de fazer seu trabalho corretamente. A maioria de nós (continuo supondo) também deseja ter um emprego melhor, um salário maior, segurança no emprego, status mais elevado e um futuro brilhante. Então, tentamos cumprir muito bem nossas tarefas para que sejamos recompensados, respeitados e promovidos.

É aqui que erramos (e isso não é mais uma suposição).

É claro que temos de fazer nosso trabalho da melhor maneira possível. Não há futuro para o preguiçoso, o malandro e o irresponsável. Mas Richard Templar aponta uma falha na implicação lógica de que, quanto melhor cumprirmos nossas obrigações, mais depressa subiremos na empresa. Ele ressalta que todos nós temos dois empregos, mas a maioria só tem consciência de um – a tarefa que tem em mãos: alcançar suas metas de vendas, reduzir o tempo em que as máquinas ficam paradas, apressar os relatórios contábeis mensais ou seja lá o que for. O outro emprego é bem mais abrangente e abstrato: fazer com que a empresa seja bem-sucedida. Se as pessoas acreditarem que você tem capacidade para resolver os problemas da companhia e não apenas realizar sua pequena parte, então você se destacará do rebanho. Mas como se consegue essa façanha? A resposta é simples: leia este livro. Siga as regras.

Quando li este livro pela primeira vez, percebi que já possuía uma consciência parcial das regras, embora nunca tivesse conseguido analisá-las e formulá-las com a clareza e o requinte de detalhes de Richard Templar. Houve uma época em que era minha atribuição entrevistar candidatos a promoção dentro da

BBC e, ao encarar a maior parte deles, eu tinha a sensação de que não possuíam estofo para ocupar um cargo no alto escalão. Seria o modo como se vestiam, seu jeito de andar, a maneira como falavam? Havia um pouco de cada um desses elementos, mas acima de tudo sua atitude e seu estilo de pensar eram, de alguma maneira, o que afetava todo o resto.

A maior parte dos candidatos fazia questão de frisar como executava bem suas tarefas atuais, o que era totalmente desnecessário – nós já sabíamos disso, era a razão por que tinham sido selecionados, seu bilhete de entrada para a entrevista, não fazia sentido ficarem sacudindo seu currículo na nossa frente. Era espantoso que tão poucos tivessem realmente dado atenção aos desafios do cargo para o qual estavam se candidatando, quanto mais aos problemas que a BBC enfrentava como organização. Eles não tinham a menor noção das regras do trabalho.

O guru da administração, Peter Drucker, estabelece uma distinção bastante útil entre eficiência e eficácia: eficiência é fazer seu trabalho do jeito certo; eficácia é fazer o trabalho certo. Seu chefe lhe dirá como cumprir suas tarefas corretamente, mas você tem de descobrir por conta própria qual é o trabalho certo. Isso significa observar o mundo ao seu redor: do que o mercado precisa, como suas necessidades estão se modificando e o que a empresa deve fazer (ou parar de fazer) para sobreviver e prosperar.

Lembro-me de ter entrevistado dois diretores executivos de grandes corporações. Ambos tinham sido contratados logo depois de se formarem, do mesmo modo que centenas de outros jovens ambiciosos e brilhantes. Eu lhes perguntei se sabiam por que haviam chegado ao topo e os outros não. Um deles me respondeu que não tinha a menor idéia, mas que podia me dizer o seguinte: todo cargo que ele assumiu foi extinto depois da sua saída. O outro também não sabia dar explicações, mas falou que nenhuma função que lhe foi confiada existia antes que ele começasse a executá-la. Ambos são exemplos perfeitos de pessoas que se concentram na realização da tarefa certa – o que precisa ser feito – e pensam como o presidente da empresa, mesmo quando se encontram nos baixos e médios escalões. Não tenho dúvida de que eles devem ter seguido todas as demais regras deste livro, sempre se comportando como alguém que deveria estar numa posição superior à atual. Mas, como destaca Richard Templar, sem perder de vista a importância de ser popular e respeitado em todos os níveis da organização. Você não pode se tornar um executivo de sucesso se estiver cercado de colegas amargurados, ressentidos ou desmoralizados.

As regras do trabalho é, acima de tudo, um guia para quem ocupa cargos de gerência e um meio de abrir os olhos de todos aqueles que gostariam de chegar ao topo, mas que ainda não encontraram o mapa que leva até lá. Também é um livro de muita utilidade para as empresas. Ele mostra que o grande perigo é a fossilização – preocupar-se com as tarefas, os sistemas e os procedimentos internos e perder contato com a realidade do mundo exterior. E é isso que irá acontecer se cada colaborador se concentrar em ser eficiente em vez de alcançar a eficácia – em outras palavras, se não seguir as regras.

Sir Antony Jay
Escritor, roteirista e produtor de televisão
Fundador da companhia Video Arts

INTRODUÇÃO

Comecei a formular *As regras do trabalho* muitos e muitos anos atrás, quando exercia a função de subgerente. Surgiu uma oportunidade de promoção para o próximo degrau – o cargo de gerente – e só havia dois candidatos na disputa, eu e Rob. Na prática, eu tinha mais experiência, mais qualificações e conhecia melhor as exigências do novo trabalho, sem falar que contava com o apoio da maior parte da equipe. Falando honestamente, Rob era um inútil.

Numa conversa com um consultor externo que a companhia contratava de vez em quando, perguntei sua opinião sobre as minhas chances de assumir a gerência. "São poucas", respondeu ele. Fiquei indignado. Falei da minha experiência, detalhei todas as minhas qualificações, demonstrei que minha capacidade era superior. "É verdade", disse ele. "Mas você não caminha como gerente." Só consegui balbuciar: "E Rob caminha?" A resposta dele foi bem direta: "Essa é justamente a força dele." Não preciso dizer que o consultor tinha toda a razão. Rob ficou com o emprego e eu tive de trabalhar sob as ordens de um idiota. Mas um idiota que sabia andar do jeito certo. Passei a estudar atentamente sua maneira de caminhar.

Descobri que os gerentes têm, de fato, um andar peculiar. Observei ainda que cada empregado, cada função, tem um modo diferente de caminhar. As recepcionistas andam de um jeito, os serventes de outro, assim como os funcionários do escritório, o pessoal do financeiro, os seguranças e, naturalmente, os gerentes têm estilos próprios. Secretamente, comecei a praticar o tipo de andar que me interessava.

Pareça ser um deles

Como passei um bom tempo estudando o andar dos gerentes, percebi que eles também tinham um estilo de se vestir, um jeito de falar e um comportamento característicos. Não bastava que eu fizesse bem o meu trabalho e tivesse experiência. Eu precisava *dar a impressão* de que era melhor do que todos os meus colegas. Não se tratava apenas da maneira de caminhar – e sim da composição de um personagem. Fui percebendo aos poucos que o jornal que se lia era importante, a marca da caneta tinha significado, o jeito de escrever, a conversa com os colegas, os comentários durante as reuniões – tudo estava sendo avaliado, julgado, até que a sentença fosse promulgada. Não bastava ser capaz de cumprir a tarefa. Se você queria subir dentro da empresa, precisava ser visto como o Tipo Certo.

Este livro mostra como criar esse tipo – é claro que, primeiro, você tem de saber fazer o trabalho. Mas um monte de gente é capaz de executar as mesmas tarefas. Como você pode se destacar? O que o torna um candidato a promoção? Qual o seu diferencial?

Permaneça sempre um passo à frente

Eu percebi que entre os gerentes havia alguns que dominavam a maneira de caminhar, enquanto outros, inconscientemente, já praticavam o andar seguinte – de gerente geral.

Naquela época, eu tinha de viajar bastante entre as diversas filiais e percebi que alguns gerentes gerais ainda ficariam onde estavam por muito tempo, sendo que outros já estavam se preparando para o próximo passo – imitando o jeito de caminhar de diretor regional. E também seu estilo e sua imagem.

Prontamente desisti de praticar o andar de gerente e passei a imitar as passadas de gerente geral. Três meses depois, num rápido salto, fui promovido de subgerente a gerente geral. Agora eu era o chefe de um idiota.

Seja coerente com o que você fala

Rob tinha o passo certo (*regra 2.5: Crie um estilo que o diferencie dos outros*), mas não se dedicou o suficiente a cumprir a *regra 1* – ele não conhecia a fundo os requisitos de sua função. Tinha a aparência certa, falava do jeito certo, mas não tinha condições de realizar seu trabalho tão bem quanto devia. Eu fui colocado acima dele porque os diretores não podiam demiti-lo – pegaria mal para eles, afinal haviam acabado de promovê-lo –, mas precisavam de alguém para supervisionar seu trabalho, de modo que seus erros pudessem ser corrigidos rapidamente. Rob tinha alcançado o nível mais alto de sua própria incompetência e permaneceu nesse cargo por diversos anos, sem melhorar nem piorar – somente causando uma boa impressão e caminhando do jeito certo. Ele acabou pedindo demissão, mas se manteve no mesmo nível, só que dirigindo sua própria empresa: um restaurante. Mas o negócio fracassou logo em seguida porque ele esqueceu a *regra 1.2: Nunca fique parado*. Ou talvez ele nunca tenha pensado nessa regra. Rob continuou se comportando como um gerente e não como um dono de restaurante. Seus clientes nunca chegaram a gostar dele.

Ao praticar o andar de gerente geral, eu consegui minha promoção, mas também a obtive porque sempre dei muita atenção ao meu trabalho e me esforcei para realizá-lo da melhor maneira possível – *regra 1*. Assim que assumi, percebi que aquela função estava além da minha experiência. Tive de aprender rápido não apenas meu novo papel e todas as suas responsabilidades, como também os atributos necessários para o cargo abaixo do meu, que eu nunca tinha ocupado. Eu havia substituído gerentes muitas vezes, mas nunca tinha sido um de fato – agora, eu era o gerente do gerente. Corria um grande risco de cair e quebrar a cara.

Nunca deixe ninguém saber quanto você se esforça

A essa altura eu já seguia as regras. E sabia que só tinha um recurso à minha disposição: aprender em segredo. Investi cada segundo disponível – noites, fins de semana, horas de almoço – no estudo de tudo aquilo que poderia me ajudar. Mas jamais contei a ninguém – *regra 1.10.*

Num breve espaço de tempo eu havia me aperfeiçoado o bastante para poder realizar minhas tarefas a contento. *As regras do trabalho* começavam a nascer.

Tenha um plano de ação

Ser gerente geral foi ao mesmo tempo divertido e doloroso. Eu tinha mais 50% de trabalho e só recebia mais 20% de salário. A próxima etapa, naturalmente, era tornar-me diretor regional. Mas não me sentia lá muito atraído. Sabia que ia ter mais trabalho, muito mais trabalho, mas sem uma compensação financeira à altura. Comecei a estudar a *regra 3: Tenha um plano de ação*. Qual seria o meu próximo passo? O que eu queria fazer? Eu estava aborrecido. Tinha de ficar no escritório o dia todo e ainda participar de todas aquelas reuniões monótonas e sem fim... Não, não era esse o meu sonho. Eu queria me divertir de novo. Praticar as regras. E foi assim que formulei meu plano.

A companhia não dispunha de um "solucionador de problemas", uma espécie de gerente geral dos gerentes gerais. Coloquei em prática a *regra 1.4: Construa seu próprio nicho*. Comentei com o presidente da empresa que sentia falta de um relatório geral que orientasse os gerentes. Nunca sugeri que era isso o que eu queria fazer, mas suponho que minhas intenções eram evidentes. Ganhei o posto, claro, e me tornei um gerente geral ambulante. Eu mesmo estabeleci minhas atribuições e me reportava diretamente ao presidente. E quanto ao pagamento? Era muito melhor do que o salário dos diretores regionais. Segui à risca a *regra 5: Tenha cuidado*. Eles não sabiam disso e eu também não revelei nada. Mas cultivei seu apoio e sua amizade. Nunca constituí uma ameaça, porque era óbvio que eu não queria tirar o emprego de ninguém. Eles até poderiam se interessar pelo dinheiro que eu ganhava se soubessem quanto era, mas ninguém queria o nicho que eu tinha criado para mim mesmo.

E eu fiz isso sem ser cruel, desonesto ou desagradável com ninguém. Na verdade, sempre fui diplomático com os gerentes gerais, tratando-os com cortesia e polidez até mesmo quando tinha de apontar aspectos negativos de seu trabalho. Acrescentei a meu manual a *regra 4: Se não tiver nada de bom para dizer, não diga nada*. E também a *regra 8: Torne-se um diplomata*.

Identifique as pessoas que realmente têm importância

Aprendi bem rápido que, se eu queria entender o que estava acontecendo numa filial, o melhor era conversar com quem realmente sabia: os serventes, as recepcionistas, os caixas, o ascensorista e os motoristas. Por isso, era importante tanto saber identificar essas pessoas como manter boas relações com elas – *regra 9.6*. Elas me forneciam informações valiosas pelo preço de um simples "Alô, Bob, como sua filha está se saindo na universidade?".

Assim as regras foram tomando forma. Nos anos seguintes, elas cresceram e ganharam maturidade e experiência. Eu deixei a empresa e fundei meu escritório de consultoria. Comecei a usar as regras no treinamento de gerentes e observei como eles enfrentavam o mundo e conquistavam o próprio destino com charme e cortesia, autoconfiança e autoridade.

Sei que você tem perguntas a fazer. Como é que funcionam estas regras? Elas são manipuladoras? Não, você não tem de fazer ninguém trabalhar no seu lugar, é *você mesmo* que vai mudar e melhorar.

- Eu tenho de me transformar em uma pessoa diferente do que sou? Não, talvez você precise modificar um pouco seu comportamento, mas não sua personalidade e seus valores morais. Você continuará sendo a mesma pessoa, apenas se tornará uma versão mais habilidosa e mais rápida de você – e com muito mais sucesso.
- As regras são difíceis de aprender? Não, você pode aprendê-las em uma semana ou duas, mas vai precisar de bastante tempo e prática até conseguir realmente dominá-las. No entanto, nós aprendemos dia e noite, e praticar uma única regra é melhor que não aplicar nenhuma.
- É fácil perceber quando os outros as estão empregando? Sim, algumas vezes, mas o jogador que domina as regras nunca deixará você descobrir o que está fazendo, é bom demais para isso. Mas, assim que obtiver experiência neste jogo, você vai conseguir identificar cada vez mais facilmente a regra que as pessoas estão empregando numa determinada situação.
- Eu vou enxergar os benefícios desde o início? Ah, sim, pode apostar, imediatamente.
- Você quer saber se eu ainda sigo as regras? Eu nunca admitiria tê-las usado alguma vez na vida – afinal de contas, sou um jogador.
- É ético empregar as regras? Claro que sim. Você não estará fazendo nada de errado, apenas usará suas habilidades e seus talentos naturais, adaptando-os e utilizando-os cons-

cientemente. Este é um ponto-chave para a compreensão das regras – elas têm de ser aplicadas de forma consciente. Tudo terá de ser decidido de antemão, aparentando espontaneidade, lógico, porque você estabeleceu isso antes. Mas você será o agente de qualquer situação, em vez de uma vítima inconsciente. Você estará acordado, sabendo o que faz, vivendo o momento presente e tirando vantagem de suas próprias habilidades. O único problema aqui é que você tem de ser capaz, em primeiro lugar, de realizar o seu trabalho – e muito bem. As regras não foram feitas para pretensiosos, falastrões, charlatães ou preguiçosos. Você acha que trabalha muito atualmente? Isso não é nada em comparação com o duro que terá de dar para ser bem-sucedido com as regras.

E vamos falar francamente, você adora trabalhar. Você adora seu emprego. Você tem de amar o que está fazendo, senão não ia querer ler este livro para seguir em frente e progredir. O que estou sugerindo é que você, conscientemente, pense a respeito de cada aspecto de seu trabalho e faça mudanças para melhorar:

- a maneira como você trabalha;
- a forma como as outras pessoas percebem a maneira como você trabalha.

Se você não praticar as regras, vai se arrastar lentamente para a frente, talvez dê um jeito de continuar e até mesmo encontre o que está procurando. Pode ser que você já conheça boa parte destas regras – e esteja colocando algumas delas em prática – instintiva e intuitivamente. Só que agora vamos fazer a mesma coisa conscientemente. Se tomar a decisão de aplicá-las, você poderá:

- Conseguir uma promoção.
- Relacionar-se melhor com seus colegas.
- Sentir-se bem consigo mesmo.
- Apreciar mais seu emprego.
- Entender melhor seu trabalho.
- Compreender claramente o ponto de vista de seu chefe.
- Sentir orgulho de si mesmo e de seu trabalho.
- Dar um bom exemplo para seus subordinados.
- Contribuir mais para a companhia.
- Ser valorizado e respeitado.
- Espalhar uma aura de boa vontade e cooperação ao seu redor.
- Obter sucesso, se resolver montar seu próprio negócio.

Estas regras são simples, eficientes, seguras e práticas. Elas constituem os 10 passos que você precisa dar para ganhar autoconfiança e criar uma nova versão, mais poderosa, de você. Sempre de acordo com seus valores morais e éticos. Sem fazer nada que não gostaria que os outros fizessem com você. As regras enriquecem os padrões pessoais e elevam os princípios individuais. Elas são o meu presente para você. São suas agora. Conserve-as em segurança, mantenha-as em segredo.

R E G R A 1

SEJA COERENTE COM O QUE VOCÊ FALA

Esta é a regra subjacente que governa todas as outras – conhecer seu trabalho, executá-lo bem e ser melhor do que qualquer outra pessoa no que está fazendo. É simples assim. O segredo é garantir que ninguém saiba como você tem de dar duro para realizar seu trabalho tão bem. Você pode aprender tudo o que precisa em sigilo, em particular – só não pode deixar que os outros descubram o que está fazendo. Nunca deixe ninguém saber que você leu este livro. Ele deve ser sua bíblia secreta. O mais importante é parecer calmo e eficiente, acima de todos os problemas e totalmente no controle da situação. Seu trabalho flui com facilidade e confiança. Você é imperturbável e nada pode fazê-lo parar. Mas, no final das contas, você deve ser *realmente* muito bom na execução de suas tarefas.

REGRA 1.1

FAÇA COM QUE SEU TRABALHO SEJA NOTADO

Seu talento pode facilmente passar despercebido em meio à correria do escritório. Você está trabalhando como um escravo e talvez nem lembre que tem de dedicar algum tempo e energia para melhorar sua situação dentro da firma e chamar atenção para o seu trabalho. Mas isso é muito importante. Você precisa deixar sua marca na empresa, se destacar, mostrar que tem potencial para uma promoção futura.

E a melhor maneira de conseguir isso é sair de sua rotina de trabalho. Se você tem de inspecionar um certo número de peças por dia – exatamente como seus colegas –, então exceder sua cota não vai ser particularmente útil. Mas, se você apresentar a seu chefe um relatório demonstrando como *todo mundo* poderia diariamente inspecionar mais peças, então será notado. Apresentar um relatório não solicitado é uma forma brilhante de se destacar da multidão. Comprova que você está pensando por conta própria e tomando iniciativas. Mas não é uma estratégia que possa ser usada com muita freqüência. Se você começar a bombardear seus superiores com uma série de relatórios não solicitados, é certo que será notado, mas de um jeito completamente errado. Você deve seguir determinadas regras:

- Só apresente um relatório ocasionalmente.
- Tenha certeza de que sua idéia funciona – que vai fazer bem ou trazer benefícios para a companhia.
- Coloque seu nome em destaque.

- Faça com que o relatório seja lido não só pelo seu chefe, como também pelos chefes dele.
- Não fique preso à idéia de um relatório – você pode publicar um artigo no boletim interno da empresa.

É claro que a melhor maneira de ser reconhecido é fazer bem, muito bem, o seu trabalho. E a melhor maneira de fazê-lo bem é dedicar-se integralmente ao seu serviço e ignorar todo o resto. Existe um bocado de política, fofoca, competição, desperdício de tempo e socialização que recebe o nome de trabalho. Mas nada disso é trabalho. Mantenha seu olhar fixo na bola e você já entrará no jogo com uma ampla vantagem sobre os seus colegas. O jogador que sabe usar as regras permanece sempre focado. Concentre-se na tarefa que tem em mãos – realizar seu trabalho muito bem – e não deixe que qualquer outra coisa o distraia.

"Apresentar um relatório não solicitado é uma forma brilhante de se destacar da multidão."

REGRA 1.2

NUNCA FIQUE PARADO

A maioria das pessoas vai trabalhar todos os dias com um único objetivo – cumprir seu horário até chegar a hora de ir para casa. Durante o dia inteiro, elas farão tudo o que tiverem de fazer, à espera daquela hora mágica. Mas você não vai agir assim. Não vai ficar parado como uma estátua. Depois de conseguir um emprego, boa parte das pessoas acha suficiente cumprir suas tarefas e ficar quietinha no seu canto. Mas realizar seu serviço não é o objetivo final do jogo – é meramente um meio de você alcançar o que quer. Sua meta é conseguir uma promoção, ganhar mais dinheiro, obter sucesso, progredir e subir na vida, reunir os contatos e a experiência para abrir sua própria empresa ou seja lá o que for que estiver em sua lista de desejos – veja a *regra 3*. Seu emprego, de certo modo, é até irrelevante.

Sim, é claro que você tem de fazer seu trabalho. E extremamente bem. Mas a sua atenção tem de estar sempre voltada para a etapa seguinte, e cada atividade a que você se dedicar deve ser apenas mais uma engrenagem para colocar em movimento seu plano de progresso pessoal.

Enquanto os outros estiverem pensando na próxima pausa para o café ou em como atravessar a tarde sem ter realmente de meter a mão na massa, você se manterá ocupado planejando e executando sua próxima manobra. Num mundo ideal, o jogador que segue as regras terá feito todo o seu trabalho até a hora do almoço, para ficar com a tarde livre. E aproveitará esse tempo para estudar a melhor maneira de conseguir uma promoção, para avaliar a competição com seus colegas mais próximos, para escrever os relatórios que farão com que seu potencial seja notado, para pesquisar novos métodos que facilitem o processo de trabalho para todos, ou para melhorar seu conhecimento sobre a história e os procedimentos da companhia.

Caso você não consiga terminar suas tarefas até a hora do almoço, então terá de encaixar todas essas outras coisas nos intervalos que sobrarem. Seus concorrentes não estarão fazendo nada disso. Mas não se acomode. Nunca ache que fazer seu serviço é o bastante. Isso você deixa para os outros. Mantenha-se em movimento o tempo todo, se preparando, estudando, analisando e aprendendo.

Você se lembra da maneira de caminhar dos gerentes? Bem, é isso que você vai fazer: praticar as passadas de um gerente, ou seja lá qual for o tipo de andar que você precisa aprender. Encare uma promoção – ou qualquer outra coisa que deseje – como um movimento. Você tem de seguir rolando para não criar limo. Manter-se em movimento para não estagnar. E você precisa gostar de se mover, senão vai criar raízes.

Movimento requer ação, o que significa que você não poderá ficar de pernas pro ar, sem fazer nada – nunca fique parado. Mexa-se.

"Num mundo ideal, o jogador que segue as regras terá feito todo o seu trabalho até a hora do almoço, para ficar com a tarde livre."

REGRA 1.3

PENSE DUAS VEZES ANTES DE SE APRESENTAR COMO VOLUNTÁRIO

Muitos profissionais pensam que, se disserem "sim" a tudo que lhes pedirem, serão notados, louvados e promovidos. Isso não é verdade. O gerente esperto vai se aproveitar desta mentalidade do "Deixa que eu faço", e você vai acabar com excesso de trabalho, desvalorizado e explorado. Antes de se apresentar como voluntário para qualquer tarefa, pense com o maior cuidado no que está fazendo. Você precisa primeiro responder a algumas perguntas:

- Por que essa pessoa está pedindo voluntários?
- Como essa nova atribuição vai me ajudar a realizar meus planos?
- Se eu me apresentar como voluntário, isso vai melhorar minha imagem junto ao alto escalão?
- E se não me apresentar, como vão me encarar?
- Por acaso esse é um trabalho sujo que ninguém quer fazer?
- Ou essa pessoa está desesperadamente sobrecarregada e de fato precisa que eu a ajude nessa tarefa?

Seja cuidadoso e escolha seus momentos. Não há motivo para se dispor a fazer alguma coisa que o fará passar por idiota. Só dê esse passo quando tiver certeza de que seu conceito vai melhorar, de que vai receber algum benefício em troca ou de que, sem sombra de dúvida, seu auxílio vai fazer diferença para alguém.

Preste atenção para não dar a impressão de estar se oferecendo para um serviço, sem querer. Algumas vezes, todos os seus colegas dão um passo atrás e o deixam sozinho na frente, dando a impressão que você se apresentou como voluntário para uma coisa que não tinha a menor intenção de fazer. Se for pego de surpresa numa situação dessas, você terá de fazer das tripas coração e realizar a tarefa, seja ela qual for – mas não deixe que isso aconteça de novo nunca mais. Um jogador experiente não cai duas vezes nesse tipo de armadilha. Fique com os ouvidos mais abertos da próxima vez, perceba qual é a atitude coletiva e recue bem depressa quando todos os demais derem um passo atrás.

"Antes de levantar a mão
para se apresentar como
voluntário para qualquer
tarefa, pense com o
maior cuidado no que
está fazendo."

REGRA 1.4

CONSTRUA SEU PRÓPRIO NICHO

Uma vez trabalhei com um colega que havia desenvolvido uma grande habilidade para descobrir informações pessoais sobre os clientes que ninguém conseguia obter. Ele parecia saber as datas de seus aniversários – e de seus companheiros –, seus restaurantes e músicas prediletos, os nomes dos seus filhos, onde passavam as férias... Então, se você tivesse de lidar com um cliente em particular, procurava Miguel e lhe pedia, polida e humildemente, alguma dica que pudesse ajudá-lo a ficar bem com aquele contato. Miguel tinha criado um nicho para si próprio. Ninguém mandou que ele se transformasse numa enciclopédia ambulante das coisas que agradavam ou desagradavam os clientes. Não fazia parte das suas obrigações profissionais. Ele trabalhou duro e sem fazer alarde, e adquiriu uma qualidade valiosa. Não levou muito tempo para que o diretor regional fosse informado a respeito desse esforço extra que Miguel vinha fazendo, e sua ascensão foi meteórica e sem precedentes. E foi só isso que ele precisou fazer. Eu disse "só isso", mas, na verdade, foi um trabalho exaustivo e muito bem pensado.

Construir um nicho para você mesmo significa identificar uma área de atuação útil que ninguém havia percebido antes. Pode ser uma coisa muito simples. Você pode se tornar um craque em fazer balanços ou em escrever relatórios. Ou, como Miguel, pode conhecer alguma coisa que ninguém mais sabe. Também pode se destacar por ser brilhante em alguma função, seja na criação de rotas comerciais, na elaboração de orçamentos ou simplesmente na compreensão do sistema. Mas fique atento: cuidado para não se tornar indispensável nessa função, pois o tiro poderá sair pela culatra.

É possível que você saia do alcance normal das atividades do escritório ao se envolver com a criação de seu nicho. Você terá de se movimentar mais, afastar-se do escritório com mais freqüência, sem se sentir na obrigação de explicar a qualquer pessoa aonde foi ou o que está fazendo. Isso o ajudará a se destacar do rebanho, tornando-o mais independente e conferindo-lhe uma qualidade superior. Uma vez eu me apresentei como voluntário para redigir o boletim interno da companhia – levando em conta a regra anterior –, e isso me permitiu transitar à vontade por nossas sete filiais. É óbvio que nunca deixei de entregar meu trabalho dentro do prazo, e sempre muito bem-feito.

Com freqüência, ao construir seu próprio nicho, você será notado por outras pessoas além do seu chefe – os chefes das outras pessoas. Lembre-se de que os chefes costumam se reunir para conversar. E se eles mencionarem seu nome de forma positiva – "Percebi que Rich está se esforçando ao máximo para realizar algumas análises de mercado realmente originais..." – , será difícil para seu chefe ir contra o próprio grupo, sob risco de ser desaprovado. Se todos os outros chefes acharem que vale a pena promovê-lo, então seu chefe terá de concordar com eles.

"Se todos os outros chefes acharem que vale a pena promovê-lo, então seu chefe terá de concordar com eles."

REGRA 1.5

PROMETA POUCO E PRODUZA MUITO

Se você achar que pode completar a tarefa até quarta-feira, diga que vai entregá-la na sexta-feira. Se calcular que seu departamento vai levar uma semana para fazer o que foi pedido, peça duas. Se souber que vai precisar de dois funcionários extras para instalar a nova máquina, testá-la e colocá-la em funcionamento, peça três.

Isso não é desonestidade, é prudência. Se por acaso seus superiores perceberem que você age assim, então admita abertamente que, ao fazer seus cálculos, sempre deixa uma margem de segurança para não ter problemas com imprevistos. Ninguém vai matá-lo por admitir que é cuidadoso.

Esse é o primeiro truque. Prometa sempre menos do que pode fazer. E só porque você disse que acabaria na sexta-feira, que ia levar duas semanas ou qualquer outra coisa, não significa que pode terminar o serviço e aproveitar o resto do tempo para descansar. Claro que não. O que você tem de fazer é se esforçar para completar a tarefa ou entregar o pedido antes e por menos do que tinha orçado. E essa é a segunda parte. Entregue sempre mais do que prometeu. Ou seja, se você se comprometeu a fazer aquele relatório até segunda-feira, ele tem de estar pronto dentro do prazo – mas isso não é tudo: ele deve conter em anexo os planos completos para a implementação das novas instalações. Ou, se você ficou de apresentar uma proposta do novo catálogo da empresa na próxima reunião, nessa data entregará muito mais: uma prova impressa em cores, com o texto revisado, as fotos que ilustrarão e um orçamento final dos custos de impressão, além de uma previsão das cotas de distribuição. Obviamente você precisa ter cuidado para não ultrapassar seus limites ou assumir responsabilidades que nunca lhe foram atribuídas, mas acho que já entendeu o espírito da coisa.

Mais uma vez, pode parecer que estou afirmando o óbvio, mas não faça muito barulho nem exagere na dose porque seu chefe vai começar a esperar isso de você – deve ser uma surpresa agradável e não uma tática freqüentemente usada.

Às vezes, também é útil bancar o bobo. Você pode fingir que ainda não entendeu alguma nova técnica ou um software recentemente introduzido, quando na realidade já conhece o sistema de trás para a frente. Assim, quando entregar todos os orçamentos usando o novo programa que ninguém domina ainda, com certeza ganhará pontos. Mas, se você tivesse dito antes de começar o serviço "Ah, sim, eu conheço o programa. Já trabalhei com essas planilhas em meu último emprego", então não causaria surpresa alguma e teria entregado o ouro de saída – perdendo todas as vantagens.

Quando você promete pouco e entrega muito, precisa ater-se a um padrão – no seu caso, isso significa que você *nunca* vai deixar de cumprir o prazo nem realizar menos do que prometeu. Mesmo que tenha de dar seu sangue e trabalhar a noite inteira. Por isso, é melhor negociar um prazo mais longo desde o começo do que deixar alguém na mão. A maioria das pessoas fica tão ansiosa, quer tanto que seu trabalho seja reconhecido e elogiado, que acaba concordando com o primeiro prazo oferecido – "Ah, sim, posso entregar nessa data" – e depois simplesmente não consegue cumprir. Esses profissionais demonstram logo de cara que são fáceis de controlar e se revelam incompetentes no final.

REGRA 1.6

APRENDA ALGUMA COISA QUE OS OUTROS NÃO SABEM

Uma vez trabalhei com um cara chamado Steve que vislumbrou uma oportunidade de se diferenciar do restante da equipe. Ele sabia tanto espanhol quanto qualquer um do grupo, mas acreditava que, se aprendesse algo que ninguém mais sabia, isso lhe abriria novas portas. Ele entrou para um curso noturno de espanhol, começou a ouvir músicas e ler romances em espanhol e até viajou para a Espanha nas férias. Em pouco tempo ele se tornou fluente na língua. Steve também tinha previsto, acertadamente, que seríamos mandados em uma missão à Europa. Ou seja, seu conhecimento de espanhol passou a ser uma qualidade realmente muito valiosa. Se você souber alguma coisa que os demais não sabem, vai estar sempre um passo à frente. Meu colega conseguiu essa vantagem aprendendo uma língua e utilizando-a para construir o seu próprio nicho, mas você também pode se sobressair com outros talentos, habilidades, especializações, aptidões ou mesmo com um bom faro.

A primeira coisa que você tem a fazer é analisar seus próprios talentos – *regra 3.7: Conheça suas forças e fraquezas* – e decidir onde uma especialização poderia ser útil. Talvez você seja um mago da computação ou de algum outro tipo de tecnologia. Talvez seja muito criativo e saiba uma porção de coisas de que os outros nem desconfiam. Uma amiga minha conhecia a fundo a indústria gráfica, por isso toda vez que a empresa tinha de mandar imprimir alguma coisa, os chefões mandavam chamá-la. Era sua vantagem competitiva.

Quem sabe, você poderia se dedicar a finanças? Você é apaixonado pela seção de economia dos jornais e revistas? Adora explicar as notícias mais complexas aos amigos? Ou quem sabe você poderia se tornar o cara que entende tudo de orçamento? Ou de mercado futuro? Ou de instalação de software? Ou de contratos? Ou de questões trabalhistas? Ou de leis sindicais? Ou de questões de saúde e segurança? Ou de operações alfandegárias e suas práticas comerciais? Ou de câmbio? Ou de linguagem corporal? Ou de formação de equipes? Ou de conduzir reuniões com real eficiência? Ou. Ou. Ou. Vamos lá, você precisa colaborar também. Eu não vou lhe dar todas as minhas melhores idéias.

Seja lá o que for que você decidir, esteja certo de que é:

- relevante;
- tópico;
- interessante.

Desse modo, os outros virão procurá-lo cada vez que precisarem de seus serviços. Se você souber alguma coisa que eles não sabem, passará a ser um consultor, em vez de um mero empregado. Obviamente, se seus conhecimentos atenderem às necessidades do seu chefe, tanto melhor.

Eu trabalhei com um sujeito que se esforçou para conhecer a vida noturna local: restaurantes, boates, teatros, essas coisas... No começo, isso parecia um pouco irrelevante, mas quando começamos a lidar com uma porção de clientes de fora, que precisavam passar a noite na cidade, ele deu sua cartada. Adivinhem quem começou a ser chamado para acompanhar os clientes à noite, passando a freqüentar regularmente o circuito de jantares e vinhos? E, naturalmente, uma vez que convivia com os chefões nesse nível, não demorou muito até que se tornasse parte do grupo.

REGRA 1.7

ESTEJA 100% COMPROMETIDO

Quem segue as regras trabalha muito mais. Os outros podem fazer apenas seu serviço, você não. Eles podem se dar ao luxo de acender um cigarro e pôr os pés em cima da escrivaninha, você não. Para subir dentro da organização, você precisa estar 100% comprometido. Não pode perder seus objetivos de vista sequer por um segundo. Para você não há folga, pausa para o café nem conversas para passar o tempo; não há margem para distrações, muito menos para erros. Você não pode se desviar do roteiro que traçou para si mesmo.

Você tem de agir como um mestre do crime – esses grandes criminosos procuram viver de uma forma incrivelmente correta, obedecendo a todas as leis, porque não podem correr o risco de cometer a menor infração para não serem desmascarados – e prestar atenção todo o tempo no que diz e no que faz.

Isso pode parecer um exagero, mas não é. É preciso que você esteja 100% comprometido com as regras do trabalho, se quiser obter resultados. Em outras palavras: você terá de ser vigilante, dedicado, cuidadoso, esperto, preparado, disposto, precavido, alerta e concentrado o tempo todo. Eu sei muito bem que é uma tarefa difícil.

Será que vale a pena? Pode apostar que sim. Em terra de cegos, você será o único com os dois olhos abertos e vendo tudo. Você se tornará poderoso e, o que é mais importante, vai se divertir com isso. Não há sensação mais agradável do que perceber todas as manobras que estão sendo feitas ao seu redor, mantendo-se acima delas, objetivo e distanciado.

Assim que começar a observar o que acontece à sua volta, você descobrirá que não há muito o que fazer. Você só vai precisar dar um leve toque nas pessoas para fazer com que mudem de direção, em vez de um empurrão forte e violento. Seus relacionamentos se tornarão incrivelmente gentis e delicados.

Mas você realmente terá de estar 100% comprometido. Se tentar implementar essas regras pela metade, não vai obter sucesso e correrá o risco de parecer tolo em vez de calmo e controlado. A beleza do compromisso total é que você não vai precisar mais tomar decisões. Você saberá exatamente qual é o caminho a seguir e só terá de perguntar a si mesmo em qualquer situação: "Isto vai me ajudar a seguir as regras ou não?" A partir daí, a decisão já terá sido tomada por você. Fácil, fácil.

> "Você terá de ser vigilante,
> dedicado, cuidadoso,
> esperto, preparado,
> disposto, precavido,
> alerta e concentrado
> o tempo todo."

REGRA 1.8

SINTA PRAZER NO QUE ESTÁ FAZENDO

Se você não está se divertindo, então o que está fazendo? Se não existe prazer em seu trabalho, então não há o menor motivo para que continue no emprego – você pode encontrar outra maneira de sobreviver. Há muitas pessoas por aí que realmente gostam de trabalhar, mas temem admitir isso, pois podem ser consideradas workaholics, infelizes ou algo assim.

Não é vergonha nenhuma dizer que você gosta do seu trabalho. Muitos profissionais parecem pensar que ser miserável no emprego e se queixar da sua situação dá prestígio. Há uma espécie de competição nos escritórios, em que as pessoas tentam superar umas às outras em suas reclamações de como odeiam o que fazem.

Mas você deve ficar fora disso. Quem segue as regras aprecia seu trabalho e faz questão de que os colegas saibam disso. Assim que você reconhecer que trabalhar é divertido – e muito mais divertido para você do que para qualquer outra pessoa –, seu passo ficará mais leve, seu nível de tensão mais baixo e seu comportamento mais relaxado. Ao admitir que sente prazer com seu emprego, você receberá em troca um conhecimento secreto que somente as pessoas bem-sucedidas compartilham. Trabalhar é bom – grave isso em seu coração.

Divertir-se no trabalho e perceber que trabalhar é divertido não são a mesma coisa. Reconhecer que seu trabalho é bom e prazeroso implica que você se orgulha do que está fazendo, que aprecia os desafios, que antecipa cada dia com otimismo e entusiasmo. Divertir-se no trabalho tem uma conotação diferente: conversar demais, realizar pouco, enrolar os colegas e beber cerveja no final do dia. Esse tipo de diversão é uma coisa temporária. Só dura enquanto durar o bem-bom, mas desaparece rapidamente quando a excitação se dissipa.

Por outro lado, considerar que seu trabalho é bom significa que você sente prazer em negociar, em contratar pessoas, em superar os obstáculos, em enfrentar as tensões, os desapontamentos e o futuro incerto, em testar diariamente sua fibra, em estudar as novas curvas de aprendizagem. Um número surpreendente de pessoas morre antes de completar um ano de aposentadoria – isso sugere que o trabalho é mais importante para nossa existência do que pensamos.

Se você não está sentindo prazer em nada disso, se não percebe que trabalhar é divertido, está condenado a ser mais um eterno queixoso, mais uma vítima da vida.

"Não é vergonha nenhuma dizer que você gosta do seu trabalho."

REGRA 1.9

ASSUMA A ATITUDE CORRETA

No dia-a-dia das empresas, um grande número de pessoas apresenta uma atitude do tipo "nós e eles". Elas gostam de ficar do lado dos "trabalhadores" e de se queixar da "administração". Você, no entanto, vai adotar a atitude correta e não adquirir a mentalidade do grupo do "nós". Não importa qual seja a sua posição hoje na companhia, você é o futuro chefe de departamento, um diretor executivo ainda em botão, um embrionário presidente do conselho. Por isso, tem de começar a olhar para os dois lados e identificar a posição "deles". Você não precisa se manifestar sobre isso neste momento. O importante é que, no fundo do seu coração, você entenda e esteja do lado "deles". Nunca se esqueça disso. Seus colegas podem resmungar e reclamar das políticas corporativas, mas você vai analisar as coisas muito bem e tentar encarar tudo do ponto de vista da administração, da gerência. Você pode se sentir tentado a se fazer passar por um trabalhador resmungão, mas não faça isso, não é uma atitude inteligente. Assuma uma posição neutra, se preferir, mas não fique se lamuriando.

A atitude correta tem dois lados:

- Primeiro você fica do lado da administração e encara as decisões de política corporativa do ponto de vista "deles".
- A seguir você se dedica ao processo de se tornar um jogador totalmente comprometido com as regras.

Assumir a atitude correta significa esforçar-se para fazer o melhor possível, não apenas hoje, mas todos os dias. Não apenas quando é fácil, mas também quando é tremendamente difícil.

Assumir a atitude correta significa caminhar aqueles quilômetros a mais, aplicar aquele esforço extra, mesmo quando você está cansado e irritado e com vontade de jogar tudo para o alto. Os outros podem desistir, você não. Você segue as regras.

Assumir a atitude correta significa manter a cabeça erguida, não reclamar, mostrar sempre um posicionamento otimista e positivo, constantemente buscando uma forma de dar um passo à frente.

Além disso, você precisa desenvolver padrões – e conservá-los. Saber qual é seu objetivo final e ser firme na sua posição. Ter consciência de que dispõe de um poder enorme e que vai exercê-lo com bondade, controle, humanidade e consideração pelos outros. Você não vai pisar em ninguém, não vai agir impiedosamente nem ser manipulador. Sim, é claro que você pode obter vantagens com a preguiça, apatia ou atitude incorreta dos outros – o problema é deles. Mas você vai adotar uma postura altamente ética e viver sem culpa. Assumir a atitude correta significa ser bom, mas veloz; gentil, mas observador; atencioso, mas bem-sucedido.

REGRA 1.10

NUNCA DEIXE NINGUÉM SABER QUANTO VOCÊ SE ESFORÇA

Vamos analisar o exemplo do empresário britânico Richard Branson, um dos homens mais ricos do mundo. Fundador e proprietário do grupo Virgin, ele sempre aparece em reportagens e fotografias jogando, voando em um balão, vivendo luxuosamente dentro de uma balsa reformada. Nunca o vemos sentado atrás de uma escrivaninha, falando ao telefone, preenchendo documentos ou fazendo relatórios. Mas em algum momento de seu dia de trabalho ele tem de fazer exatamente essas coisas. Só que não há interesse em divulgar isso. Desse modo, nós pensamos em Branson como um playboy dos negócios, um investidor que leva a vida numa boa, um anfitrião sedutor.

Essa é justamente a imagem que o jogador que sabe usar as regras deseja cultivar – uma personalidade suave, calma, tranqüila, relaxada, totalmente no controle da situação. Você nunca corre, nunca entra em pânico, nunca sequer aparenta estar com pressa. Sim, você pode precisar ficar acordado até altas horas da madrugada, mas nunca vai admitir isso. Pode ter de trabalhar nos feriados, fins de semana e em todos os seus dias de folga, mas nunca vai contar aos colegas nem vai se queixar do esforço necessário para realizar seu serviço, muito menos revelará quantas horas extras vem fazendo. Para um observador externo, você está trabalhando sem estresse, simplesmente resolvendo os problemas à medida que aparecem.

É óbvio que, para poder agir desse modo, você tem de ser capaz de cumprir suas tarefas muito bem. Se não for, sua tentativa de empregar esta regra será desastrosa. Bem, e o que você deve fazer se sabe que não é lá muito bom no seu trabalho? Vire a noite esforçando-se para melhorar. Estude, ganhe experiência, aumente seus conhecimentos, leia, faça perguntas, revise, ponha a mão na massa e se dedique a aprender todos os aspectos de seu trabalho por dentro e por fora. Primeiro você faz isso e depois pode flanar à vontade pelo escritório, dando a impressão de que está muito calmo e relaxado.

Mas existem algumas regras dentro desta regra:

- Nunca barganhe um prazo maior que o aceito inicialmente.
- Nunca resmungue nem reclame da quantidade de trabalho que tem de realizar.
- Aprenda a agir com firmeza para não receber uma carga de trabalho excessiva – isso não significa sair por aí dizendo que já tem trabalho demais, mas também não é preciso exagerar e trabalhar muito além de sua obrigação.
- Jamais permita que vejam você dando duro.
- Sempre procure maneiras de aliviar sua carga de trabalho e de fazer as coisas mais depressa.

R E G R A 2

TENHA CONSCIÊNCIA DE QUE VOCÊ ESTÁ SENDO AVALIADO O TEMPO TODO

Tudo a nosso respeito revela importantes informações aos outros. A maneira como nos vestimos, o carro que dirigimos, onde passamos as férias, como falamos e de que jeito caminhamos, o que comemos na hora do almoço – tudo é objeto do julgamento dos outros. A *regra 2* se destina a garantir que essas avaliações sejam positivas e contribuam para o progresso de sua carreira. Se você nunca pensou a respeito disso antes, esta regra vai ajudá-lo a reconhecer os sinais que transmite às pessoas e como melhorá-los, de modo que elas recebam as mensagens que você de fato deseja transmitir. Você não pode impedir os outros de fazerem julgamentos – mas pode transformar esses julgamentos e influenciá-los conscientemente. Para isso, é preciso ter estilo, ser elegante, bem-arrumado, autoconfiante e afável.

REGRA 2.1

VISTA-SE BEM

Vestir-se bem significa exatamente isso – vestir-se bem. Simplesmente não há desculpa para não se importar com sua aparência, vestir-se mal, usar roupas cafonas, baratas demais ou mais informais que o recomendado.

Sinto muito, mas esta regra é extremamente importante e deve ser seguida à risca. Não há exceções nem dias de folga. O modo como se veste é a coisa que as pessoas mais percebem em você. Se relaxar neste quesito, mesmo que seja por um momento, seu deslize será lembrado. Por outro lado, você pode não dar a mínima para esta regra e continuar sem promoções, sem sucesso e sem poder. Mas, uma vez que comece a se preocupar com o assunto, não poderá se esquecer dele nem sequer por um segundo.

Mas o que significa exatamente vestir-se bem? Tomando como regra um estilo mais clássico, para um homem, seria usar terno, camisa social e gravata, com sapatos de couro bem engraxados. Para uma mulher, um terninho ou um tailleur com meia-calça e sapatos de salto médio. Por outro lado, pode ser que seu ambiente de trabalho requeira algo mais informal, isso dependerá do código de vestimenta de sua companhia (*regra 6.3*), mas usar roupas baratas, cafonas ou deselegantes continua sendo proibido.

Se você ainda tem alguma dúvida, eis uma lista do que nunca deve usar:

- legging ou moletom;
- camisas exageradamente estampadas ou de qualquer outro estilo fantasioso;

- shorts, microssaias ou blusas muito decotadas ou que deixam a barriga de fora;
- sandálias havaianas;
- nenhum modismo exótico, nada extremado, nenhuma licença artística.

Eu costumava observar um jovem colaborador da empresa. Ele era eficiente, experiente, inteligente, bom comunicador, confiável, fidedigno e honesto, esforçado e de boa aparência – mas nunca era promovido. Por que não? Porque ele continuava ignorando a *regra 2.1*. Ah, sim, ele se vestia com bastante correção durante o expediente. A maneira como chegava é que era inadequada. Ele vinha de motocicleta. Não havia nada de errado nisso. Assim ele economizava dinheiro e nunca ficava preso em engarrafamentos – uma coisa altamente recomendável. Mas era isso que o impedia de ser promovido. Toda manhã ele entrava no escritório segurando seu capacete contra o peito e usando um macacão laranja brilhante. De novo, altamente recomendável: o impermeável era resistente e o protegeria no caso de um acidente, além de garantir que ele seria visto até mesmo em manhãs de nevoeiro. Mas isso também chamava atenção para ele e o definia como um "jovem". Gerentes de nível médio não andam de motocicleta. Os executivos de primeiro escalão já desistiram há muitos anos dessa paixão. Esse jovem não ia conseguir ser promovido enquanto tivesse "jeitão de motoqueiro". Assim que eu o convenci a tirar o macacão laranja antes de entrar no escritório e deixar o capacete na recepção, seu conceito mudou imediatamente e ele começou a subir a escada corporativa com rapidez meteórica. Ele não precisou desistir de ir para o trabalho de motocicleta, só teve de parar de anunciar que ainda era jovem o suficiente para andar numa.

REGRA 2.2

SORRIA

Você conhece este verso de Rudyard Kipling: "Se você for capaz de manter a cabeça quando todo mundo ao seu redor já a perdeu..."? Bem, como é que você demonstra que está mantendo a cabeça? Fácil, sorria. Sorria em qualquer circunstância. Sorria ao cumprimentar seus colegas de manhã. Sorria quando der um aperto de mão. Sorria quando a coisa estiver ficando preta. Sorria quando estiver se sentindo no inferno. Sorria, não importa o que lhe aconteça.

Mas que tipo de sorriso? Cordial, genuíno – faça um esforço para que transpareça em seus olhos –, sincero, franco, honesto, aberto, feliz. E a maneira mais fácil de fazer seu sorriso expressar todas essas coisas é acreditar que está sentindo tudo isso. Você não pode representar, senão será desmascarado facilmente. Seu sorriso tem de ser genuíno para parecer genuíno. Você tem de se sentir feliz para parecer feliz, caso contrário os outros vão considerá-lo falso.

Vamos supor que seu sorriso seja sincero e que foi provocado por felicidade e cordialidade genuínas. Bem, agora é legítimo melhorar seu sorriso, ensaiar, praticar para deixá-lo melhor. Mas, primeiro, ele já tem de estar em seu rosto. Vamos imaginar que já está.

Olhe no espelho e sorria. Provavelmente seu sorriso vai parecer errado. É claro que vai. Você só pode se ver de frente. E as fotografias também não ajudam muito, são bidimensionais, e há uma porção de coisas faltando quando você olha para elas. Você precisa ver seu sorriso de todos os ângulos, em uma imagem tridimensional, e só existe uma maneira de enxergar isso: em um filme, vídeo ou algo assim.

Se você tem vergonha de pedir a um amigo qua faça uma gravação em vídeo para que você possa melhorar a sua maneira de sorrir, então dê um jeito de você mesmo se filmar. Esforce-se para não mostrar uma careta de um lado só, mostre seus dentes... mas não muito... e tente parecer feliz e sincero. Continue praticando, até conseguir chegar à imagem certa.

REGRA 2.3

DESENVOLVA UM APERTO DE MÃO PERFEITO

Quantas vezes você precisa apertar a mão de alguém durante uma semana de trabalho? Nós fazemos isso freqüentemente, em geral de modo quase inconsciente. Contudo, tantos sinais são transmitidos naquele breve aperto de mãos, que você deveria pensar em torná-lo extremamente confiante, totalmente seguro e convincentemente tranqüilizador. Quando alguém o cumprimenta, deve sentir força, confiança, energia, poder, ou seja, deve ficar com a impressão de que está lidando com alguém no controle de si próprio – você mesmo, é claro. Se tiver alguma dúvida sobre seu aperto de mão, peça a opinião de um amigo.

E como é que você faz para melhorar? Aperte com firmeza. Você pode usar a outra mão para segurar tanto a sua mão quanto a do seu chefe/colega/cliente. Mas não exagere para não acabar esmagando os dedos dos outros.

Apertos de mão são uma coisa muito formal e tradicional. Esqueça os tapinhas na palma da mão ou qualquer outra invencionice. Conserve o cumprimento à moda antiga e todos vão se lembrar de você como uma pessoa cheia de confiança em si mesma e capaz de exercer autoridade.

O bom aperto de mão também é caracterizado pela iniciativa. As pessoas que estendem a mão primeiro, anunciando seu nome enquanto apertam a mão do outro com firmeza, transpiram segurança e demonstram interesse, cordialidade e uma postura relaxada e confiante. Esses craques do aperto de mão também olham diretamente nos seus olhos e repetem seu nome depois que você se apresenta. Todo mundo gosta de ouvir seu próprio nome, e essa técnica faz com que eles o memorizem mais facilmente.

Quando você se apresenta a alguém, deve dizer "Muito prazer" ou "Olá" antes de anunciar seu nome. Você pode querer ser moderno e dizer alguma coisa como "Oi!" – a escolha é sua. Mas o bom jogador sempre adota uma atitude mais tradicional, até na hora de dizer seu nome e o cargo que ocupa. *Nunca* diga "Oi, eu sou o Tuca do marketing". O efeito é bastante agradável e certamente cordial, mas você não impressionou ninguém, não conseguiu nenhum benefício nem obteve qualquer vantagem e – tudo considerado – se rebaixou ao nível de um colaborador júnior. Fica muito melhor dizer "Muito prazer. Eu sou Arthur Simpson, gerente de marketing". Essa apresentação vai destacá-lo imediatamente do resto do rebanho e lhe conferir maior importância aos olhos dos outros. Faça isso com um aperto de mão firme e confiante.

REGRA 2.4

TRANSPIRE CONFIANÇA E ENERGIA

Certa vez eu tive de fazer uma palestra para um grande grupo de empresárias sobre como controlar o estresse. Quando cheguei à frente do auditório, percebi que não havia um suporte para deixar minhas anotações à vista (não que eu tivesse alguma) nem tampouco um palanque para eu subir. Só havia uma escrivaninha e uma cadeira. Se eu me sentasse ali, não seria visto por ninguém que não estivesse na primeira fila e, além disso, a coisa toda ia parecer muito formal e empolada. Acontece que eu tinha de falar justamente sobre estresse e como controlá-lo. Eu precisava parecer calmo e tranqüilo, como se praticasse aquilo que pregava.

Resolvi o problema sentando na beira da escrivaninha. Podia balançar as pernas, me inclinar para trás ou para a frente e até me deitar no tampo, se quisesse. Muitos anos depois, encontrei uma empresária que assistira à palestra nesse dia, e ela me disse que não conseguia se recordar de uma só palavra que eu havia dito, mas que ficara impressionada com a minha postura relaxada – e também com o modo como eu havia pulado da mesa ao final da palestra e saído para tirar fotos para o jornal local. Eu não me lembro dessa parte, mas ela me disse que eu parecia confiante, tranqüilo e ao mesmo tempo cheio de energia.

Esse é o nosso objetivo. Quando você atravessar o escritório, bem no começo da manhã, ande como se tivesse uma mola em cada pé. Deixe que os outros cheguem se arrastando, como se alguém os tivesse arrancado da cama à força ou como se estivessem de ressaca ou exaustos depois de enfrentar o trânsito caótico. Você vai chegar cheio de frescor e energia, pronto para cumprir suas tarefas, que serão a coisa mais fácil de realizar, sem a menor dificuldade. Acelere o passo, se puder; nada de andar mais devagar. Esse ritmo transmite interesse e energia: você está acordado, cheio de vida e pronto para encarar todos os desafios que o dia vai lançar em seu caminho.

Só não caminhe depressa demais, porque aí pode dar a impressão de que está atrasado. Você precisa demonstrar que está sereno e em pleno controle – nem apressado, nem molenga, nem acovardado, nem derrotado. Você precisa ser visto como um cara brilhante, cheio de energia, vivacidade e entusiasmo.

"Quando você atravessar
o escritório, bem no
começo da manhã,
ande como se tivesse
uma mola em cada pé."

REGRA 2.5

CRIE UM ESTILO QUE O DIFERENCIE DOS OUTROS

A palavra-chave é "estilo". Ou seja, ter bom gosto, agir de maneira formal e civilizada, mostrar-se sofisticado, elegante, culto, refinado e perspicaz. Você precisa criar um estilo que demonstre todas essas qualidades. Tingir seu cabelo de vermelho e só usar roupas de segunda mão, que você comprou em algum bazar de caridade, sem a menor dúvida, pode ser um estilo e você vai ser notada em função dele, mas isso não atende aos objetivos do bom jogador. Confie em mim, é melhor fazer o gênero clássico, atemporal.

Você tem várias opções, caso esteja disposto a adotar um estilo:

- Faça alguma escolha que o diferencie das outras pessoas. Desenvolva um estilo de vestir que seja a sua marca registrada – e seja fiel a ele.
- Só compre os melhores artigos que tiver condições de pagar.
- Nunca use nada colado no corpo – roupas folgadas indicam qualidade e elegância, roupas apertadas lembram pobreza e coisas baratas.
- Menos significa mais. Não se cubra de jóias, mas só compre e use o que existe de melhor, as jóias mais finas. Se não for uma coisa cara, não use. Isso ajudará você a eliminar o que possa parecer dúbio ou de mau gosto – quando o preço é alto, você tem de ser mais criterioso.
- Se você gosta de se maquiar, então use apenas o que realmente lhe dá uma aparência melhor. Não mude de maquia-

gem de acordo com a estação ou seguindo o modismo do momento – seja conhecida pelo seu estilo, seja reconhecida instantaneamente, seja elegante.

- Sempre se vista melhor do que requer a ocasião – formal é melhor; informal, pior.
- Faça um esforço para que todos os acessórios sigam as mesmas regras que você emprega na escolha de suas roupas: elegantes, caros, de bom gosto. Não adianta nada você estar bem vestido e andar para cima e para baixo com uma pasta que já viu melhores dias – a não ser, é claro, que ela seja sua marca registrada. Nesse caso, escolha uma pasta muito antiga, muito surrada e, evidentemente, muito cara.

REGRA 2.6

CUIDE DA SUA APARÊNCIA

Toda manhã, antes de sair para o trabalho, você precisa verificar se está com uma aparência nota 10. Os detalhes realmente são importantes. O menor descuido será percebido – e pode ser justamente o que fará a diferença entre uma promoção e uma rejeição. Arrume-se todos os dias de forma tão cuidadosa como se tivesse uma entrevista para um novo emprego. Antes de sair para o trabalho, verifique se:

- seus sapatos estão lustrados e em perfeitas condições;
- suas roupas estão bem passadas, limpas, novas e em bom estado – nenhum botão faltando, nenhum rasgão ou fio puxado, nada descosturado;
- está com a aparência de quem saiu do banho;
- colocou desodorante;
- seu cabelo está limpo, bem cortado e bem tratado;
- fez a barba, se é homem; se você insiste em usar qualquer tipo de barba ou bigode, verifique se não há pêlos fora do lugar, se não está com alguma migalha, inseto ou caspa;
- aplicou a maquiagem, se é mulher – pode ser tão simples quanto você quiser, mas tem de ser bem aplicada e perfeita;
- está com os dentes limpos, devidamente tratados, com o hálito fresco;
- suas unhas estão limpas e bem cuidadas;
- suas mãos estão limpas e se não tem alguma graxa entranhada nas unhas por ter mexido num motor, ter feito faxina

ou trabalhado no jardim – use luvas quando for executar qualquer dessas tarefas;

- seus dedos não estão manchados de nicotina, caso você fume; use pastilhas de hortelã ou goma de mascar, para não ficar com a boca cheirando a cigarro;
- seu nariz e suas orelhas estão limpos e com os pêlos aparados ou removidos;
- seus óculos, caso você use, combinam com seu rosto, estão bem ajustados e em boas condições – sem nenhuma rachadura na lente nem emenda grosseira na armação.

Você não precisa ser vaidoso nem olhar para o espelho o tempo todo para checar sua aparência. Assim que achar que está bem, relaxe e sinta orgulho de você mesmo. Eu trabalhei com uma mulher que ia ao banheiro escovar os dentes cada vez que comia um pãozinho ou tomava um café. Não há nada de errado nisso, só que chamava atenção, e seus colegas começaram a achar que ela era uma pessoa estranha e obsessiva. Seu erro não era limpar os dentes com tanta freqüência, mas anunciar o que ia fazer como se fosse um número de canto e dança. Se fosse um pouco mais discreta, se daria muito melhor.

"Arrume-se todos os dias de forma tão cuidadosa como se tivesse uma entrevista para um novo emprego."

R E G R A 2.7

SEJA ATRAENTE

Não existe a menor dúvida a respeito disto: todas as estatísticas comprovam que pessoas atraentes são mais bem-sucedidas na vida que aquelas que tiveram menos sorte nesse quesito. Pessoas atraentes precisam trabalhar menos para progredir. Mas o que torna uma pessoa atraente? Se você fizer uma análise minuciosa, vai ter bastante dificuldade em identificar o que confere um aspecto tão agradável a algumas pessoas.

Definir a atração – se ignorarmos defeitos físicos óbvios, como dentes acavalados ou verrugas no nariz, coisas fáceis de corrigir – não é mesmo algo simples. Veja qualquer estrela ou astro de Hollywood, como Liza Minelli, Woody Allen, Julia Roberts ou Sean Penn. Nenhum deles se enquadra nos parâmetros da beleza clássica. O que eles têm é carisma, encanto, magnetismo, uma atitude maior do que a vida. A imagem deles salta até você. Eles exalam vida, presença, drama, energia e personalidade.

Você também precisa demonstrar essas qualidades. De qualquer maneira, elas são mais fáceis de adquirir que beleza. Na verdade, a *regra 2* reúne justamente o que é necessário para ser atraente. Se você se vestir bem, cuidar de sua aparência, cultivar um belo sorriso, se mostrar confiante e ficar na sua o tempo todo, além de ser considerado cordial, articulado e atencioso, vai parecer atraente e até bonito. Uma boa aparência se concentra no sorriso e nos olhos. Sorrisos que iluminam uma sala são magnéticos e cheios de poder. Olhos cintilantes e cheios de vida são suficientes para nos dar a impressão de que o rosto inteiro é lindo.

A atração também se relaciona com a postura corporal e a posição adotada. Se você desaba na cadeira, espalha uma aura de melancolia e depressão. Isso não é atraente e tampouco lhe dá uma boa aparência.

Você deve caminhar com o torso ereto, demonstrando orgulho e segurança. Seu aperto de mão também deve comunicar isso. Tudo em você deve fazê-lo parecer otimista, aberto, feliz e confiante. Isso é ser atraente. Sua higiene e seus cuidados pessoais devem ser impecáveis, sua maneira de se vestir deve ser soberba, seu estilo peculiar mas suave – todo o seu comportamento precisa ser esplêndido e chamativo. Isso é ser atraente.

Você *nunca* deve:

- andar encurvado;
- se esparramar na cadeira;
- parecer que está sujo.

Você *sempre* deve:

- melhorar qualquer aspecto que possa ser corrigido em sua aparência – retirar verrugas, consertar os dentes tortos, acabar com o mau hálito, corrigir problemas de visão (pelo amor de Deus, pare de apertar os olhos e providencie óculos com lentes adequadas!).

REGRA 2.8

FIQUE NA SUA

Você não vai usar nariz de palhaço, mesmo que o pessoal do escritório tenha resolvido que amanhã todos vão usar nariz de palhaço. Você não vai aparecer na empresa com uma roupa chamativa de jeito nenhum. Você não vai alterar seu estilo impecável por nada deste mundo. Você tem de ficar acima de todas essas besteiras do escritório. Será que isso vai lhe valer a reputação de anti-sociável? De arrogante? De quem se acha melhor do que os outros? E daí, que importância tem isso? Você vai ficar na sua, manter a compostura, e isso é tudo o que importa. Guarde o nariz de palhaço para os fins de semana, quando tiver certeza de que não vai fazer diferença para as pessoas que vão vê-lo. Mostre-se civilizado e sofisticado todo o tempo em que estiver no trabalho.

Vamos encarar os fatos: você vai ao escritório para trabalhar. É para isso que você é pago. Não para bancar o bobo da corte. Enquanto você cumprir suas obrigações – e fizer todo o seu serviço muito bem –, a maneira como trabalha é problema seu. Você pode decidir que quer se envolver em todas as atividades sociais do escritório ou pode preferir guardar uma certa distância. Desse modo, você se afasta um pouco de seus colegas e fica mais perto de se tornar o gerente deles.

Nada disso significa que você não possa rir e brincar de vez em quando com seus colegas, só não se torne tão amigável ou íntimo que seja impossível promovê-lo mais adiante. Se você pretende vir a ser o chefe deles, então vale a pena manter esse distanciamento. E a melhor maneira de fazer isso é ficando na sua.

Ficar na sua é o oposto de ser pegajoso, exagerado e deselegante. Ou seja, nosso objetivo é não ser:

- pegajoso – por favor, nada de mãos suadas em cima dos outros;
- exagerado – não faça drama nem entre em pânico;
- deselegante – isso não quer dizer qúe você precisa andar sempre na última moda, mas que deve ostentar uma elegância atemporal, o que é bem diferente.

Um colaborador com essas características está sempre relaxado e no controle da situação. Em uma crise, não vai sair correndo pela empresa aos gritos. Muito pelo contrário, vai adotar os procedimentos de segurança e administrar a situação calma e eficientemente. É tranqüilo e ponderado. Sempre conserva a cabeça no lugar e nunca perde a classe. E é a esse tipo de pessoa que os outros recorrem nas situações difíceis.

"Mostre-se civilizado e sofisticado todo o tempo em que estiver no trabalho."

R E G R A 2.9

FALE BEM

Está certo, mas o que significa falar bem? Será que eu estou sugerindo que você ande por aí com a voz impostada de um locutor da Globo? É claro que não. A questão não é essa. Considere por um momento *por que* nós falamos – para nos comunicar, para transmitir informações –, sem se concentrar tanto em *como* nós falamos. Falar bem significa passar as informações adiante de maneira clara e eficiente. Não vem ao caso o modo *como* você fala, o que realmente importa é que você fale com clareza. E falar claramente significa apenas isso – falar claramente. As coisas que você deve evitar são:

- Murmurar ou falar "entre dentes" – por razões óbvias, você não será ouvido nem compreendido.
- Usar jargão – é uma linguagem ininteligível para quem não trabalha em sua profissão ou mesmo em sua companhia.
- Adotar qualquer maneira de falar que o identifique com uma classe social ou com algum grupo em particular – por exemplo, com os jovens (usando a gíria mais recente ou frases moderninhas de duplo sentido) –, com qualquer radicalismo (politicamente correto em excesso ou obcecado por ecologia, comida vegetariana ou algo assim) ou com determinada camada da sociedade (excessivamente acadêmico, popular demais, regional em excesso).

Falar mal significa, por exemplo, usar "mais grande" em vez de "maior", esse tipo de coisa. Se você não sabe a diferença, compre uma gramática e estude. Não use maneirismos verbais, como "sabe, né?" ou "a nível de". Nunca deixe suas frases pela metade.

Há quatro palavras-chave que você deve lembrar a fim de falar bem:

- inteligente;
- claro;
- agradável;
- simples.

É só isso que você precisa saber. Se utilizar esses quatro elementos, não há como errar: as pessoas vão recordar o que você disse e ficarão impressionadas com sua voz clara e sua conversa animada e inteligente. Falar bem causa impacto. Se você diz seu próprio nome num sussurro, as pessoas vão achar que você não tem confiança em si mesmo, não se sente à vontade e praticamente não é humano – o que significa que vão esquecê-lo rapidamente. Mas se você entrar com um passo cheio de confiança, disser seu nome claramente e com segurança, as pessoas vão presumir que você sabe aonde quer chegar – conseqüentemente, vão se lembrar de você. Fale com simplicidade. Diga diretamente o que você quer dizer e nada mais.

REGRA 2.10

ESCREVA BEM

Escrevemos por dois motivos: para que os outros leiam e para nós mesmos lermos depois. A maneira como você escreve para si próprio não tem a menor importância, desde que não mostre a ninguém. Você pode tomar notas em uma taquigrafia ilegível, garatujar como uma criança de cinco anos e não se preocupar com erros gramaticais. Mas a maneira como você escreve para os outros lerem é da maior importância. Você será julgado:

- por aquilo que escreve;
- pela aparência de seu texto;
- pela correção gramatical do seu texto.

Se você escreve à mão com freqüência, sua letra precisa ser:

- Legível – caso contrário, simplesmente não há motivo para escrever nada, além de ser uma desconsideração com os outros não fazer um esforço para tornar sua escrita mais clara.
- Limpa – sem palavras riscadas, todas as linhas do mesmo tamanho, esse tipo de coisa.
- Elegante – com um pequeno floreio aqui ou ali.
- Madura – as letras de uma palavra devem ser arredondadas e todas unidas umas às outras.
- Consistente – a escrita no fim de uma página deve ser parecida com a que está no alto dessa mesma página.

Tenha cuidado com as margens e com a inclinação de sua escrita. Você pode não saber disso, mas, se as margens – ou sua assinatura ou qualquer coisa que você escreva – forem se inclinando para baixo e para a direita, isso sugere uma pessoa deprimida. Os otimistas apresentam uma inclinação para cima.

Faça questão de usar a ortografia correta e seguir as regras gramaticais – se estiver inseguro quanto ao domínio da gramática, trate de estudar e melhorar. Uma carta, um e-mail ou um relatório cheio de erros causam uma péssima impressão, comprometendo seriamente a sua imagem.

Se você digita muito, use Times New Roman ou Arial corpo 12. Evite utilizar *itálico*, **negrito** ou sublinha. Nunca misture fontes diferentes – ISSO DÁ A ENTENDER QUE VOCÊ TEM **uma personalidade imatura e instável** –, tampouco vá aumentando o tamanho da fonte. Viu só? E você achava que era divertido...

> "A maneira como você escreve para os outros lerem é da maior importância."

R E G R A 3

TENHA UM PLANO DE AÇÃO

Você sabe para onde vai? Se não souber, provavelmente não vai chegar a parte alguma. Os seguidores inteligentes das regras do trabalho sabem exatamente o que desejam. Eles têm um plano. E já traçaram o caminho que leva aonde querem chegar – dentro de seis meses, daqui a um ano ou em cinco anos. Planejaram seu jogo e têm plena consciência dos movimentos que precisam fazer. E você também terá. Lembre-se disto: os bons jogadores são flexíveis e modificam seu plano de acordo com as circunstâncias – não são rígidos, e sim espertos e ágeis.

REGRA 3.1

SAIBA O QUE VOCÊ DESEJA A LONGO PRAZO

Bem, qual é o plano de jogo que você elaborou para sua vida? Ainda não sabe? Nem sequer pensou a respeito? A maior parte das pessoas também não pensa. E por isso fracassa. Se você não tem um plano, acaba se deixando levar pela corrente – como um galho seco girando pelos redemoinhos da vida. Que coisa triste. Mas quem joga de acordo com as regras tem de se programar para o curto e o longo prazo.

Planos de longo prazo podem ser muito simples – qualificar-se para um emprego, subir na empresa, atingir o topo, aposentar-se e morrer. Ou podem ser mais sensatos e úteis. Se você pretende fazer carreira em determinada área, deve levar em consideração o plano de jogo adotado no ramo que escolheu. É óbvio que você terá de enfrentar algumas situações que fogem ao seu controle, mas, como bom jogador, vai observar os indicadores, ler os sinais e corrigir seu plano com bastante antecedência. Recentemente, numa conversa, um colega questionou: "Quem teria previsto a tendência moderna de *downsizing*, de cortar despesas e diminuir o quadro de funcionários?" A resposta é simples: qualquer pessoa que tivesse cérebro suficiente para enxergar o rumo que o mercado estava tomando.

Desse modo, estude bem o segmento em que ingressou e veja quais são as etapas necessárias para levá-lo até a posição que você deseja ocupar. Pense no que você precisa fazer para cumpri-las.

Planeje com antecedência o que você deseja de cada etapa: obter experiência, assumir mais responsabilidades, adquirir novas habilidades, aprender a gerenciar pessoas, esse tipo de coisa. Você vai perceber que "ter um aumento de salário" nem sequer é considerado aqui – é o resultado inevitável, desde que você saiba jogar com as regras.

Pense na melhor maneira de cumprir cada uma dessas etapas. Pode ser uma transferência para outro departamento ou para outra filial, um convite para fazer parte do conselho da empresa ou para tornar-se sócio minoritário, ou mesmo uma mudança de emprego. Assim que você souber *como* dar cada passo, não será difícil elaborar um plano para chegar aonde quer.

Você também precisa desenvolver uma estratégia para o fim do jogo – seu objetivo final, que pode ser tão alto quanto você desejar: imperador do universo, primeiro-ministro ou presidente do seu país, diretor executivo, o homem mais rico do mundo. É um sonho e, portanto, não tem limites. Se você estabelecer limites para sua própria imaginação, então terá de se contentar com menos do que o melhor, menos do que o perfeito, menos do que você merece. Ah, você está me dizendo que temos de ser realistas. Tudo bem, faça isso, então. Mas pense grande e não se satisfaça com nada menos do que o topo.

REGRA 3.2

SAIBA O QUE VOCÊ DESEJA A CADA MOMENTO

Até que ponto seu curto prazo é curto? Isso depende inteiramente de você. Eu sempre tenho três planos diferentes em andamento – um para este mês, outro para este ano e o terceiro para os próximos cinco anos. Com isso em mente, posso planejar minha carga de trabalho e ainda analisar como essa programação irá afetar minha família. Dessa maneira, posso me dar ao luxo de sair de férias e de passar o Natal em casa, posso me organizar para reformar a casa e posso vincular minha transferência ao fim do ano letivo dos meus filhos.

- Seu plano para este mês deve obviamente listar seus atuais projetos de trabalho – prazos de entrega, prioridades, rotinas básicas. Ele trata das tarefas em andamento.
- Seu plano para este ano deve incluir projetos que estão sendo formulados e apresentados agora, sejam eles quais forem. Refere-se ao que está sendo planejado, e não ao que já está sendo executado.
- Seu plano para os próximos cinco anos deve ser dedicado a idéias, sonhos, objetivos, desejos, necessidades, e visa aos trabalhos que você pretende realizar um dia. Este plano deve conter os passos necessários para que você alcance seus objetivos de longo prazo.

Costumo manter três registros separados para esses três cenários. Os dados referentes a meu plano mensal são registrados numa planilha que fica em cima da minha mesa de trabalho. Nela, eu anoto os prazos finais dos projetos, os telefonemas que tenho de retornar e outras tarefas urgentes. É uma espécie de agenda, só que não tem registros diários.

Meu plano anual mora na parede. Não é um painel com mil detalhes, mas simplesmente uma folha de papel dividida em doze retângulos, um para cada mês. Registro no espaço reservado a determinado mês as informações relevantes sobre o que eu quero fazer naquele período. Anoto o que eu *quero fazer,* e não o que *eu tenho* de fazer. Agora que estou trabalhando por conta própria, tenho de sair à procura de novos serviços. Os projetos que eu angario durante meu plano mensal ou anual são meu pão-com-manteiga e incluem tanto o que eu quero realizar quanto o que eu tenho de levar a termo. Os trabalhos que *eu tenho* de executar são o meu pão e aqueles que *eu quero* fazer são a manteiga – um deles é este livro, uma coisa deliciosa de planejar e escrever.

Já o plano qüinqüenal serve para você se orientar – que tipo de trabalho gostaria de estar fazendo nos próximos cinco anos? Esse plano inclui tarefas que você tem de cumprir, mas enfoca principalmente o que deseja realizar. Quanto mais curto o prazo, mais o plano vai se parecer com uma agenda de trabalho e menos com uma lista de desejos.

Todos os planos devem incluir os passos que você terá de colocar em prática e fazer acontecer. Caso contrário, não são "planos", mas apenas idéias vagas.

Em todos os seus planos você deve deixar uma margem para contingências. Assim, se alguém lhe oferecer um projeto interessante em cima da hora, você poderá aceitá-lo se quiser. Não faz sentido recusar um bom trabalho só porque não estava incluído em seu planejamento. É preciso ser flexível.

REGRA 3.3

ESTUDE O SISTEMA DE PROMOÇÕES DA SUA EMPRESA

No início da carreira, quando está no nível mais baixo, você fica olhando para cima – para seu chefe, seu gerente ou o diretor executivo – com reverência e admiração. Um dia, inevitavelmente, você vai ficar mais velho, ganhar experiência e chegar a cargos mais altos. Ou então você pode resolver partir para o seu próprio negócio. E, para a maioria das pessoas, isso é tudo. Elas percorrem os meandros da empresa, subindo aos poucos, freqüentemente sendo colocadas para escanteio e finalmente parando em um nível que consideram confortável, sem grandes exigências, e no qual se sentem felizes. Pronto, acabou a carreira. Terminou o jogo. Muito triste. A não ser que seja realmente isso o que você quer. Mas eu duvido.

Você precisa estudar o plano de carreira de sua empresa para se beneficiar dele. Não adianta ficar esperando até que alguma coisa apareça ou até que a sorte lhe estenda a mão e o puxe para cima. Você tem de agarrar o dia de hoje e criar sua boa sorte. Você tem de saber como evitar todos os clichês e subir por conta própria dentro da empresa.

Portanto, qual é o sistema de promoções na área em que você atua? Você sabe como ele funciona? Já se deu ao trabalho de analisá-lo? Estude a história corporativa de pessoas que chegaram lá. Não deixe seu futuro nas mãos do acaso. Pode ser que a sorte o conduza ao lugar aonde você quer chegar, mas não dá para confiar nisso – é a mesma coisa que comprar um bilhete de loteria na esperança de enriquecer e poder se aposentar. Até acontece, mas é pouco provável.

Trace o "mapa" da sua promoção:

- Dentro de sua área, olhe para a posição de comando mais elevada que se possa ocupar ou para o cargo mais alto que você teria condições de assumir um dia (se bem que, na realidade, os dois deveriam ser a mesma coisa). Tome nota disso.
- Agora olhe para o escalão mais baixo – registre isso também.
- Trace um curso abrangendo todas as etapas intermediárias.
- Marque o lugar em que você se encontra neste momento.
- Liste todas as etapas necessárias para chegar lá em cima.

Pronto, você traçou o mapa da sua promoção e pode ir riscando cada etapa à medida que conseguir alcançá-la. O mesmo princípio de etapas progressivas também funciona se você decidir que, em vez de ascender dentro da organização em que se encontra, gostaria de trabalhar em outra empresa ou tornar-se empresário em vez de funcionário.

Enquanto estiver fazendo isso você pode aproveitar para listar todas as habilidades, experiências, etc. de que necessitará para dar cada passo com sucesso. Ao lado de cada item você pode anotar o que precisa fazer para adquirir aquela qualidade – aonde deve ir, o que tem de aprender, o que precisa estudar. Você pode anotar esses dados em seu plano de longo prazo e em seu plano qüinqüenal.

REGRA 3.4

TRACE SEU PLANO DE JOGO

Como um ator que escolhe seu papel e decora seu roteiro, você deve traçar seu plano de jogo: quem você vai ser um dia. Poucas pessoas escolhem conscientemente o papel de perdedoras, mas muitas acabam justamente aí. Não deixe que isso aconteça com você. Tome a iniciativa desde o começo e seja o autor do seu próprio plano de jogo.

Esse plano é uma espécie de declaração de missão pessoal. É diferente de apenas estabelecer objetivos que, na verdade, vão levá-lo a se tornar a pessoa que você decidiu ser.

Então, quem você quer ser? Uma pessoa bem-sucedida? Um fracassado? Alguém que desiste facilmente? Alguém que se levanta sozinho cada vez que é derrubado, sacode a poeira e começa tudo de novo? Um brilhante estrategista? Um perdedor? Nenhuma dessas opções?

É óbvio que você pode decidir ser um indivíduo sem misericórdia, desagradável, cruel e vingativo, mas vamos presumir que não é isso o que você deseja, pois esse não é o perfil do bom jogador. Seu plano deve incluir suas qualidades, assim como o tipo de jogo que almeja. Por exemplo: "Vou alcançar o sucesso, mas continuar sendo bom e íntegro."

Poucas pessoas se dedicam conscientemente a fazer esse exercício. Pode parecer simples, mas é uma ferramenta essencial para conduzi-lo aonde quer chegar. Se mais profissionais fizessem isso, não acabariam se tornando os chatos do escritório, os tagarelas, os fofoqueiros ou aqueles indivíduos cruéis no trato com os colegas. Se todos nós tivéssemos a obrigação de nos sentar e traçar um plano de jogo – e então viver de acordo com ele –, provavelmente seríamos mais gentis e agradáveis. Não há nenhuma energia negativa, nenhum carma ruim em se esforçar para tornar-se amigável, cooperativo, prestativo, educado e honesto com as pessoas à sua volta. Você consegue imaginar alguém escrevendo "Eu vou ser um completo mau-caráter, prejudicar o maior número de pessoas possível, ser detestado por todos e me tornar o mais impopular que puder"? É claro que ninguém escreveria isso, mas eu convivi com uma porção de gente que vivia desse modo, como se fosse o plano de jogo que houvesse escolhido. Sim, é possível ser bem-sucedido dessa maneira, mas será que essas pessoas dormem tranqüilas? Como conseguem conviver consigo mesmas?

Uma vez trabalhei com um gerente de nível elevado que tinha a seguinte técnica: logo ao chegar ele caminhava pelo departamento gritando com quem encontrasse pela frente, então ia para o seu escritório, colocava os pés em cima da escrivaninha e tomava calmamente seu café. Depois ele voltava para o departamento e tratava todo mundo com a maior gentileza. Quando eu lhe perguntei por que agia desse modo, ele me disse: "Assim os funcionários ficam sempre alertas. Nunca sabem qual é o conceito que realmente faço deles." Esse sujeito era genuinamente detestado por todos, temido pela maioria e não tinha o menor respeito dos outros gerentes. Um bom plano de jogo? Claro que não.

REGRA 3.5

DEFINA SEUS OBJETIVOS

Um objetivo é uma declaração de missão formulada em uma frase que você pode utilizar para atravessar o dia. É quase impossível obter sucesso ou ser promovido sem estabelecer objetivos.

Um objetivo define os ingredientes-chave em sua receita de trabalho. Suponhamos que você tenha de ir a uma reunião. Está certo, todos nós detestamos reuniões: são intermináveis, aborrecidas, contraproducentes e uma fonte inesgotável de irritação e discussões. Você sabe que o Raul da contabilidade vai estar presente e tentará – normalmente, sem sucesso – provocá-lo. Sabe que vão tentar passar por cima dos seus interesses, e isso levará você a questionar algumas mudanças internas na empresa, que, na verdade, não afetam seu departamento. Sabe que vai acabar discutindo o orçamento para seu estande na feira nacional deste ano, que só ocorrerá daqui a seis meses e talvez nem fique sob sua responsabilidade. Portanto, estabeleça um objetivo claro:

"Eu só vou falar nesta reunião sobre assuntos que conheço e domino e que sejam relevantes para mim. Não importa o que Raul faça ou diga, eu não vou morder a isca."

Muito bom. Agora dê um jeito de cumprir.

Use um objetivo para cada setor de sua vida profissional. Bastam alguns segundos para elaborá-los, mas eles ajudam a salientar:

- o que está errado;
- as soluções para o que está errado;

- as ações necessárias para corrigir o que está errado;
- as formas de impedir que o problema se repita.

"É quase impossível obter sucesso ou ser promovido sem estabelecer objetivos."

R E G R A 3.6

SAIBA QUAL É O SEU PAPEL

Qual é o seu papel? Eu sei que você está na empresa para realizar seu trabalho, ou seja, cumprir os requisitos de um cargo, executar determinadas tarefas, seguir os procedimentos estabelecidos e tudo o mais. Mas qual é o seu papel? Isso é parecido com a elaboração de um plano de jogo. Que tipo de facilitador você vai ser? Um gerador de idéias? Um moderador? Um comunicador? Um diplomata? Um distribuidor de tarefas? Um motivador? Basicamente, seu papel representa a maneira como você se encaixa na equipe – e, sim, todos nós temos de jogar para o time nos dias de hoje.

O Dr. Meredith Belbin passou mais de 20 anos pesquisando a natureza do trabalho em equipe a fim de melhorar as qualidades de seus integrantes. Ele identificou nove papéis distintos dentro de um grupo:

- Os Criadores – são pensadores originais; geram novas idéias, oferecem soluções para os problemas; pensam de maneira radicalmente diferente, lateralmente, imaginativamente.
- Os Desenvolvedores – são criativos; gostam de pegar as idéias e desenvolvê-las; são extrovertidos e populares.
- Os Coordenadores – são altamente disciplinados e controlados; conseguem focalizar diretamente os objetivos; unificam o time.
- Os Formadores – são totalmente orientados para a realização; gostam de ser desafiados e de obter resultados.

- Os Avaliadores/Monitores – são pensadores objetivos; calmos e distanciados, eles analisam, ponderam e medem as conseqüências.
- Os Trabalhadores de Equipe – são prestativos e cooperativos; atuam como verdadeiros diplomatas, porque só desejam o que é melhor para a equipe.
- Os Implementadores – têm grandes habilidades de organização; demonstram bom senso; gostam de terminar o que começaram.
- Os Completadores – verificam os detalhes; não deixam nada para trás; são compulsivamente responsáveis.
- Os Especialistas – dedicam-se a adquirir um conhecimento especializado; são extremamente profissionais; têm energia e dedicação.

Qual desses é você? Qual é o papel que você exerce dentro da equipe? Você está satisfeito com ele? Sabe como modificá-lo?

"Basicamente, seu papel representa a maneira como você se encaixa na equipe – e, sim, todos nós temos de jogar para o time nos dias de hoje."

REGRA 3.7

CONHEÇA SUAS FORÇAS E FRAQUEZAS

Se você pretende jogar de acordo com as regras, terá de ser incrivelmente objetivo a respeito de si próprio. As pessoas, em sua maioria, são incapazes de fazer isso. Elas não conseguem virar o holofote em sua própria direção com objetividade ou intensidade suficientes para se enxergarem do modo como são vistas pelos outros. E a questão não é somente como os outros nos vêem, mas também como nós nos vemos. Fazemos uma imagem mental de nós mesmos – nossa aparência, nosso discurso, o que nos estimula, nossa maneira de trabalhar –, mas até que ponto ela corresponde à realidade? Eu penso que trabalho de forma criativa e excêntrica; os outros acham que sou confuso e desorganizado. Quem está com a razão? Qual é a realidade?

Para conhecer suas forças e fraquezas, a primeira coisa que você precisa fazer é compreender seu papel – a maneira como trabalha. A criatividade pode ser considerada um ponto forte: dezenas de idéias brilhantes, pouca atenção aos detalhes, talento para gerar novos projetos e não para acompanhá-los até o fim ou de fato trabalhar neles – são aspectos positivos, não? Não necessariamente. Se você for um Completador ou um Implementador, esses são considerados pontos fracos. Para exercer essas funções, é preciso ter perseverança, diligência, previsibilidade, conformidade, constância, ordem – espere aí, mas essa não é uma lista de fraquezas? Você tem de saber primeiro qual é seu papel dentro da equipe, antes de fazer julgamentos subjetivos a respeito de forças e fraquezas.

Em caso de dúvida, faça uma lista com o que você considera seus pontos fracos e outra com seus pontos fortes. Mostre essas anotações a um amigo íntimo que não trabalhe com você. Peça sua avaliação objetiva. Agora pergunte a opinião de um colega do escritório em quem você tenha plena confiança. Eles concordam que suas listas representam a realidade? Aposto que existe uma grande diferença entre as duas avaliações. Isso se deve ao fato de que as habilidades especiais com que você alimenta suas amizades são muito diferentes daquelas que aplica numa relação de trabalho.

O objetivo desta regra é fazer com que você conheça seus pontos fortes e fracos. Não se destina necessariamente a melhorá-los, eliminá-los ou modificá-los. Nós somos o que somos, e é com isso que temos de trabalhar. Pode ser que você seja desorganizado, errático, imprevisível – isso é bom ou ruim? Tudo depende de sua função. Você pode precisar mudar de função a fim de se adequar melhor a suas forças e fraquezas.

Muita gente pensa que identificar suas forças e fraquezas significa se livrar das coisas ruins e só trabalhar com os aspectos bons. Não é verdade. Isso não é terapia. É o mundo real. Todos nós temos pontos fracos. O truque e o segredo consistem em aprender a trabalhar com eles em vez de buscar a perfeição, uma coisa totalmente fora da realidade e contraproducente.

Talvez você possa encontrar melhores usos para suas fraquezas – mas aí elas se transformariam em forças, não é mesmo? Pense nisso.

REGRA 3.8

IDENTIFIQUE O MOMENTO CERTO

Uma naja tem muito poder, muito veneno, muita energia. Mas quantas vezes ela se lança ao ataque? Raramente. As najas só usam todo o seu poder e toda a sua energia quando isso é:

- apropriado;
- significativo;
- vantajoso;
- benéfico;
- necessário;
- importante.

Elas atacam quando estão em perigo ou quando precisam se alimentar. O resto do tempo, você nem fica sabendo que elas estão ali. O resto do tempo, elas nem sequer parecem cobras. As najas não dilatam o pescoço mostrando seu capuz, exceto quando precisam ameaçar. Você tem de ser como uma naja. Não faz sentido utilizar toda a sua energia e todo o seu poder quando não há necessidade. O que você precisa fazer é identificar os momentos cruciais – e então dar o bote.

Os eventos-chave na existência das najas são relativamente simples de identificar – ameaça e fome. Mas quais são os seus? Ah, é muito mais difícil apontá-los.

Não há a menor razão para passar a madrugada redigindo um relatório semanal que só alguns de seus colegas vão ler e que depois esquecerão. Espere até que seja o grande relatório que vai direto para a mesa do presidente – esse vai precisar de toda a energia que você for capaz de empregar, como se fosse uma naja dando o bote.

Muitas pessoas ficam esperando pelo momento certo – a festa no escritório, o encontro anual com os clientes, a visita do ministro – e então estragam tudo. Elas tomam uma bebedeira, se atrapalham ao ler o discurso, se atrasam, adoecem, aparecem de braguilha aberta ou com a camisa vestida pelo avesso.

Quais são os eventos-chave? Ora, qualquer apresentação é um bom momento. Faça tudo do jeito certo e a apresentação será lembrada. Faça a coisa errada e você será esquecido.

Só que você não vai fazer nada errado. Identifique as ocasiões e os momentos importantes e aproveite para mostrar como é brilhante. Seja uma naja e dê o bote quando for oportuno.

"Não faz sentido utilizar toda a sua energia e todo o seu poder quando não há necessidade."

REGRA 3.9

ANTECIPE AS AMEAÇAS

As ameaças surgem de todos os lados e todos os dias – enxugamento e corte de pessoal, aquisição por outra empresa, colegas vingativos, chefes irascíveis, novas tecnologias, novos sistemas, novos procedimentos. Muitos livros, como *Quem mexeu no meu queijo?*, são inteiramente dedicados às ameaças no mercado de trabalho, principalmente aquelas provocadas por mudanças. Pensar e agir rápido, sair da rotina, ser flexível, saber se desviar dos socos e manter a distância são pré-requisitos para não só sobreviver às mudanças como também se tornar um contorcionista ou um atleta de primeira. É claro que não vamos conseguir fazer tudo isso. Em algumas ocasiões a ameaça nos alcançará e seremos esmagados. Acontece com cada um de nós. Não há como escapar do fato de que às vezes a vida é jogada diretamente em nossa cara, como se fosse um tiro à queima-roupa, e de que raramente ou nunca temos tempo de nos abaixar.

Uma ameaça é exatamente isso. No momento em que se torna realidade, é hora de lidar com ela. Enquanto é apenas uma ameaça, pode nos dar medo, mas não nos faz mal. Identificar quando irá se tornar real é a grande habilidade. O grande talento. Há muitas ameaças e não podemos reagir a todas elas. Há menos problemas reais e somos obrigados a reagir a todos eles.

Um bom truque é tentar encarar as ameaças como oportunidades. Cada ameaça que se concretiza é uma chance de crescer e mudar, adaptar e reformar nossos métodos e nosso estilo de gerenciamento. Se nossa atitude for positiva, deixaremos de enxergar as ameaças como algo tão negativo e descobriremos que elas são oportunidades para demonstrarmos nosso próprio valor. Sem desafios, nunca iremos melhorar.

Uma vez fui contratado como gerente por uma empresa que acabou sendo vendida logo depois. Os novos donos trouxeram seus próprios gerentes e três de nós fomos rebaixados. Não nos deram escolha, salvo pedir demissão, é claro. Acontece que, a essa altura, eu já era um jogador comprometido com as regras e resolvi encarar a situação como uma oportunidade para mostrar aos novos chefes que eu era bom o suficiente para fazer parte de sua equipe de gerentes. Três meses depois, eu estava de volta ao meu antigo cargo.

Quanto aos meus colegas, um pediu demissão e o outro continuou rebaixado. Os dois reclamaram e protestaram que a mudança tinha sido uma falta de consideração, um desrespeito e até mesmo um insulto. Provavelmente era, mas não adiantava nada eu me sentir deprimido por causa disso. O que eu precisava era subir novamente e retomar minha trajetória – para a frente e para cima.

"Cada ameaça que se concretiza é uma chance de crescer e mudar."

R E G R A 3.10

BUSQUE AS OPORTUNIDADES

Eu sei que disse que você deveria ter um plano – tanto para o longo quanto para o curto prazo –, mas surgem ocasiões em que os planos têm de ser jogados pela janela. São as oportunidades. Eu tinha um amigo que não estava conseguindo avançar depressa dentro de seu próprio plano de promoções. Certo dia ele descobriu, por acaso, que estava no mesmo compartimento de trem que o presidente do conselho da empresa em que trabalhava. Foi essa a sua oportunidade. Ele podia ter se atrapalhado durante a conversa, feito papel de bobo, ficado envergonhado ou nervoso demais para tirar vantagem da situação. Mas ele não caiu em nenhuma dessas armadilhas.

Aproveitou a ocasião às mil maravilhas. Tudo o que fez foi conversar informalmente, mas com todo o respeito que o presidente merecia. Demonstrou um grande conhecimento da história da companhia, de sua missão e de seus objetivos gerais; além disso, revelou-se uma pessoa apresentável, esperta e bem-falante, expressando-se de forma clara e articulada. E, o mais importante de tudo, não tentou forçar a situação para obter qualquer vantagem – ele sabia quando devia ficar na sua. Essa estratégia certamente funcionou. O chefe de seu departamento foi procurado pelo presidente, que sugeriu que ele prestasse atenção "num jovem muito esperto" e desse "uma mãozinha a ele". Que escolha tinha o chefe senão promovê-lo?

Isso significa aproveitar uma oportunidade. É claro que você não pode escrever algo assim em seu plano, mas esses momentos surgem de repente. E você precisa estar preparado para:

- reconhecê-los;
- obter o melhor da situação;
- agir com prudência e suavidade.

O que você não pode fazer é:

- deixar de reconhecer o momento pelo que ele é – uma oportunidade passageira;
- entrar em pânico;
- exagerar na jogada;
- ficar eufórico e tagarelar o tempo todo.

Encare as oportunidades como se fossem bolas – se alguém lhe jogar uma, você terá apenas uma fração de segundo para agarrá-la. Não há tempo para fazer perguntas, olhar para trás nem pesar os prós e contras. Ou você pega a bola ou não pega.

Pare um pouco e lembre as oportunidades que já perdeu. O que faria se tivesse uma segunda chance? Você reagiria de forma diferente agora? O que você fez de errado naquela ocasião?

REGRA 4

SE NÃO TIVER NADA DE BOM PARA DIZER, NÃO DIGA NADA

Esta é uma regra muito fácil de entender, porém difícil de seguir. Todo mundo gosta de jogar conversa fora, fazer fofoca, reclamar e falar mal do chefe pelas costas. Mas a regra é clara: nunca faça isso. Aprenda a dizer somente coisas positivas, agradáveis, gentis, que possam ser tomadas como elogios. As pessoas o julgam tanto pelo que você diz como pela maneira como fala *(regra 2)*, então seja conhecido como uma pessoa sempre otimista e agradável.

REGRA 4.1

NÃO FAÇA FOFOCA

"Você sabia que, no último encontro da companhia, o Raul da contabilidade foi visto saindo do quarto da Debora do marketing de madrugada? E, depois disso, eles foram vistos duas vezes juntos no Luigi's na hora do almoço, e a Luiza jura que os dois estavam de mãos dadas no elevador. Raul é casado, e eu sempre pensei que a Debora fosse noiva... Que loucura, né? Você não acha que eles estão dando bandeira demais?"

Resposta: "Mas o que isso tem a ver comigo?"

Beleza, não tem nada mesmo a ver com você, a não ser que Raul seja seu chefe e seu trabalho esteja sendo afetado em conseqüência do caso, ou que, por azar, você seja o noivo da Debora. Esta regra deixa bem claro que você não deve fazer fofoca. Mas não diz que você não pode escutar. Talvez você ache a história interessante, e saber o que está acontecendo às vezes é útil. Uma parte desta regra realmente é muito simples: não passe nada adiante. A questão é essa. A fofoca termina em você. Se escutar a conversa mas não contar nada aos outros nem der sua opinião, você continuará sendo considerado parte do grupo e não um intruso. Você nem sequer precisa dar a impressão de que desaprova – simplesmente não passe a história adiante.

Falar da vida alheia é uma ocupação de mentes vazias – de gente que não tem trabalho suficiente para fazer. Também é o domínio de pessoas que têm ocupações monótonas e sem desafios, que não exigem esforço intelectual. Assim, acabam se ocupando com bate-papos inúteis, rumores, mentiras e histórias maliciosas. O problema é que, se você não participar desse disse-me-disse, pode ganhar a reputação de puritano ou convencido.

A palavra-chave aqui é "discrição". Não dê a impressão de que desaprova o que os outros estão fazendo – apenas não o faça também e guarde sua opinião para si mesmo.

> "Uma parte desta regra realmente é muito simples: não passe nada adiante."

REGRA 4.2

NÃO RECLAME

Pois é, a vida não é justa. Algumas vezes seus colegas fazem corpo mole e você acaba trabalhando por eles. Seus chefes podem não estar preparados para as funções que exercem, mostrando-se incompetentes e inseguros. Os idiotas são promovidos enquanto você fica para trás. Há trabalho demais a fazer, há uma série de procedimentos estúpidos na empresa. Os idiotas o atrapalham a todo momento. É verdade, a vida é dura.

Agora me diga: como suas reclamações vão ajudá-lo? Infelizmente, elas não vão mudar nada. Queixar-se é uma perda de tempo, um dispositivo inventado por gente infeliz que não tem trabalho suficiente para fazer. Esse grupo normalmente fica perto da turma que fala mal dos outros. Podem até ser as mesmas pessoas – provavelmente são. Quando acabam de se lamuriar, elas começam uma boa fofoca.

Reclamar da vida é inútil. Além de ser improdutivo, não resolve nada. Só serve para:

- Identificá-lo como preguiçoso, mesquinho e trivial.
- Fazê-lo curvar os cantos da boca para baixo – o que não é nada atraente.
- Desperdiçar seu tempo.
- Transformá-lo em um ímã para outros queixosos.
- Dar-lhe a reputação de alguém que não faz nada de produtivo ou útil.
- Desmotivá-lo e dar início a um círculo vicioso.

Portanto, o que você deve fazer, se tem o hábito de se queixar? Fácil: basta se esforçar para encontrar uma solução para cada um dos problemas de que tem reclamado. Se não puder mudar a situação, não se permita ficar resmungando. Experimente fazer isso durante algumas semanas e você vai descobrir que parou de se queixar com a maior naturalidade.

Reclamar dos outros é algo que inevitavelmente fazemos pelas costas. Da próxima vez que lhe der vontade de se queixar bastante de alguém, vá até onde essa pessoa está e lhe diga isso na cara (só não se esqueça da introdução a esta regra: "Se você não tiver nada de bom para dizer, não diga nada."). *Se a pessoa não estiver na sala, não fale nada*. É uma regra simples, mas funciona. Quando a pessoa está presente, você pára de se queixar, pois é muito difícil insistir quando você percebe que está causando mal-estar no escritório.

"Reclamar da vida é inútil.
Além de ser improdutivo,
não resolve nada."

R E G R A 4.3

SAIA EM DEFESA DOS OUTROS

A equipe toda está reunida tomando um cafezinho e alguém começa a falar no jovem Adão. Todo mundo sabe que Adão é um chato. Ele nunca se integra ao time, se apropria de canetas e clipes, é grosseiro com os seguranças, empurra suas tarefas para os outros, culpa os colegas por seus erros, enfim, é detestável. Então, a turma começa a se queixar dele pelas costas e desabafa a raiva que sente por suas atitudes. Mas *você não faz isso*. Todos os seus colegas podem reclamar, mas você não. Como bom jogador, você defende os outros, em vez de atacá-los.

Não importa até que ponto Adão é insuportável, você sempre vai descobrir alguma coisa gentil – e verdadeira – para dizer a respeito dele. O seu objetivo é *descobrir alguma coisa boa para dizer, quaisquer que sejam as circunstâncias.*

No começo, pode ser muito difícil, mas, se você perseverar, vai ficar cada vez mais fácil – é só uma questão de hábito e de postura. Se estamos acostumados a reclamar, é isso que fazemos. Ao mudar nossa abordagem, nos tornamos mais positivos – só que é necessário um esforço inicial para realizar essa mudança.

Defender os outros, não importa qual seja a situação, vai lhe garantir uma ótima reputação. Você ficará conhecido como alguém que sempre encontra algo positivo para dizer dos outros. Assim, pessoas que já lhe deram motivos para falar mal delas vão acabar sabendo que você é o único do grupo capaz de fazer alguma coisa por elas. Com isso, você poderá contar com a lealdade dos membros mais impopulares da equipe.

Esse é de fato um relacionamento muito estranho, mas faz maravilhas – são justamente essas pessoas que irão apoiá-lo em uma emergência. Se souberem que alguém está tentando prejudicá-lo, elas irão lhe contar. Serão capazes de afastar todos os obstáculos de seu caminho, porque sabem que você gosta delas.

É espantosa a rapidez com que se espalhará o comentário de que você é uma pessoa boa – que não se queixa, não reclama dos outros, defende os excluídos, dá apoio aos demais e sempre consegue encontrar pelo menos um pedacinho bom no que os outros consideram uma maçã totalmente podre.

É óbvio que você deverá fazer isso de maneira honesta e sincera – não vai adiantar nada mentir ou inventar alguma qualidade que não existe. Se você, no começo, não achar nada de bom para dizer, então fique na sua. Mas sempre existe alguma coisa gentil para dizer – ninguém é totalmente malvado, perverso ou detestável.

R E G R A 4.4

ELOGIE COM SINCERIDADE

A chave desta regra é a "sinceridade". Você não deve elogiar de forma exagerada, falsa, superficial, desonesta ou desajeitada. Quando for cumprimentar alguém por um bom trabalho, por exemplo, faça-o de maneira sincera, verdadeira, aberta, significativa e sem malícia.

Ser o tipo de pessoa que elogia os outros com freqüência é difícil. Você não quer que comecem a encará-lo como puxa-saco ou fingido. Seu objetivo é ser considerado cordial e amigável.

Mas como fazer isso? E por quê? Bem, se souber elogiar as pessoas, elas vão ter um ótimo conceito de você – e você receberá energias positivas no escritório. A melhor maneira de fazer um elogio é formular a frase de forma simples, sem afetação. Você só precisa dizer: "Gostei muito do seu corte de cabelo." A seguir, pergunte como a pessoa obteve aquele bom resultado: "Quem cortou seu cabelo?"

"Gostei do jeito como você tratou o cliente. Como se sentiu dizendo aquilo para ele?"

"Gostei do seu relatório. Como a diretoria reagiu?"

Procure evitar expressões exageradas. Você não "ama" o casaco novo de ninguém, você simplesmente "gosta" dele. Lembre-se: amar é um sentimento muito intenso, que dedicamos à pessoa com quem queremos casar e ter filhos. É claro que isso não se aplica a um casaco, um relatório, um corte de cabelo ou à maneira como alguém atende um cliente.

Se você "gostou" de algo, sinta-se à vontade para dizer isso. E, para enfatizar, afirme: "Eu realmente gostei."

E você também pode usar outras expressões. Não precisa apenas dizer que "gostou" de algo (se bem que esse verbo é muito bom para iniciar uma conversa). Também pode falar:

- "Fiquei impressionado com..."
- "Eu acho que você realmente agiu bem..."
- "A maneira como você... foi muito boa."
- "Realmente apreciei sua apresentação. Foi excepcional."

Faça o elogio de modo que não possa ser acusado de estar flertando ou assediando os outros – cumprimente-os com relação ao trabalho e mantenha uma postura profissional. Se bem que estou certo de que nem precisava lhe dizer isso.

REGRA 4.5

SEJA ALEGRE E POSITIVO

Se você for todo dia para o trabalho com vibrações positivas, as pessoas vão considerá-lo aquele tipo de pessoa que sabe lidar com a tensão, as dificuldades e os problemas. Ou seja, alguém que não faz tempestade em copo d'água, que se mantém calmo, sereno, confiante e controlado.

Mostre-se otimista o tempo todo. Lá fora está chovendo, é uma tarde de inverno escura e deprimente. Os negócios estão fracos, a taxa de juros acabou de subir de novo, o presidente da empresa está de péssimo humor e todo mundo anda cabisbaixo. Mas nada disso é razão para que você deixe de sorrir. O dia está feio, mas vai passar, e amanhã o sol voltará a brilhar. Por pior que seja a sua situação, as coisas vão acabar melhorando.

Existe um truque para manter sempre uma atitude alegre e positiva. A princípio, você não precisa acreditar que está feliz – apenas aja como se estivesse. Isso mesmo, finja que está alegre. Depois de algum tempo, você vai descobrir que não está mais representando, vai perceber que parou de fingir, porque estará realmente se sentindo alegre. É só um truque. Só que você está aplicando o truque em você mesmo, em ninguém mais. O simples fato de dar um sorriso provoca a liberação de certos hormônios que fazem com que você se sinta melhor. E quando estiver se sentindo melhor, vai sorrir com mais freqüência e assim produzir mais hormônios. Basta que você passe alguns dias sorrindo, mesmo sem vontade, para dar início a um ciclo hormonal que vai fazê-lo ficar mais feliz o tempo todo.

Assim que os outros começarem a encará-lo como uma pessoa alegre e positiva, vão ter vontade de ficar, cada vez mais, a seu lado – não existe nada mais atraente que uma pessoa otimista.

Traga algumas flores para o escritório e deixe sua escrivaninha mais bonita. Assobie. Sorria. Ria. Nunca revele aos outros a profunda depressão que sente por dentro. É muito fácil, quando alguém lhe pergunta "Como vai?", responder: "Ah, estou tocando o barco. Não posso me queixar, você sabe, sigo lutando." Isso é um clichê, um hábito. Experimente dizer: "Sinto-me ótimo, 100%." Mais um truque para você.

Então alguém lhe traz mais trabalho e você tem de cumprir essa tarefa – é inevitável, faz parte de suas obrigações, mas aquilo chega justamente na hora em que você começava a enxergar uma luz no fim do túnel. É muito fácil dizer: "Ah, não, mais trabalho, não! Por que jogam tudo para cima de mim? Assim é demais!" Ora, se reclamar não vai mudar nada, então o melhor mesmo é dizer: "Tudo bem, deixa aí em cima. Vou pegar nisso assim que puder. Obrigado." Não adianta nada ficar resmungando. Ninguém inventou esse trabalho extra só para irritar você. É um inferno ter mais tarefas pela frente. E daí? Mantenha-se alegre e siga em frente. Cada segundo que você perde se queixando é um segundo a menos em sua vida. Cada segundo dedicado a se mostrar alegre e positivo é um segundo a mais em sua vida. Escolha o que achar melhor.

REGRA 4.6

FAÇA PERGUNTAS

O objetivo desta regra é torná-lo:

- popular;
- apto a ser promovido;
- bem-sucedido;
- gentil;
- eficiente.

Uma das maneiras mais fáceis de conseguir isso é adquirir o hábito de fazer perguntas. Mas que tipo de pergunta? Depende da situação. Na *regra 4.4: Elogie com sinceridade*, usamos alguns exemplos que demonstram como é útil, depois de um elogio, levantar alguma questão relacionada ao bom resultado obtido: "Eu realmente gostei de sua apresentação. Achei que você estava muito calmo. Como consegue evitar que suas mãos tremam?" Ou então: "Estou impressionado com seu método de trabalho. De onde tirou essa idéia?"

Fazer perguntas indica que você prestou atenção, está interessado, é atencioso, inteligente e criativo. Pessoas estúpidas não fazem perguntas. Pessoas entediadas não fazem perguntas. Pessoas preguiçosas não fazem perguntas. Alguma pergunta?

Quem adora arrumar confusão e reclamar de tudo prefere fazer afirmações: "Não gosto desta idéia, não vai funcionar." Quem joga com as regras pergunta. Pode até querer dizer a mesma coisa, mas lida com a situação de forma diferente: "Eu acho que seria importante ter mais informações sobre essa idéia.

Como você acredita que isso funcionaria? A expedição será capaz de atender ao aumento dos pedidos? Podemos contratar pessoal suficiente para suprir essa necessidade? Talvez seja melhor nós todos refletirmos um pouco mais a respeito dessa questão, o que vocês acham?" Você não disse que a idéia é uma droga, mas todos percebem que é isso o que pensa. Ao mesmo tempo, ninguém pode julgá-lo mal: você foi gentil e educado, não atacou os autores da idéia, só lhes deu corda suficiente para se enforcarem, caso estejam com vontade. E você também lhes deu uma oportunidade de desistir da idéia sem perder prestígio – "refletir um pouco mais a respeito" é uma forma bem diplomática de dizer "vamos esquecer esse assunto".

Perguntar é muito bom em todos os sentidos. Mostra que você está interessado em seus colegas. Mas tome o cuidado de só fazer perguntas relevantes, sinceras e delicadas.

Como vimos na *regra 4.3: Saia em defesa dos outros*, sempre é possível encontrar alguma faceta positiva, até nos colegas mais detestáveis. A mesma lógica se aplica às perguntas. Sempre é possível fazer alguma pergunta positiva sobre o trabalho de alguém, seus passatempos, sua vida social ou sua família. Mesmo que você pergunte simplesmente "Como vão as crianças?", isso ajudará a quebrar o gelo e você se mostrará gentil. Servirá também para iniciar um diálogo, gerar comentários agradáveis e criar uma certa cordialidade entre pessoas que têm de trabalhar juntas todos os dias.

REGRA 4.7

DIGA "POR FAVOR" E "OBRIGADO"

Talvez você pense que isso é uma coisa tão óbvia, tão básica e tão fundamental que realmente nem precisaria fazer parte das regras do trabalho. Lamento, mas é sempre bom lembrar a enorme importância de se dizer "por favor" e "obrigado". É algo que simplesmente não acontece com a freqüência necessária. As pessoas dizem que estão muito ocupadas ou esquecidas e que não precisam repetir a mesma coisa o tempo todo. Bobagem. Esquecer de dizer "por favor" e "obrigado" é simplesmente falta de educação. Se começarmos a ignorar as regras mais básicas de convivência, então não faz sentido estarmos aqui. Se não somos educados e civilizados o suficiente para agradecer a alguém e se não nos damos ao trabalho de dizer "por favor", então de fato chegou a hora de fazer as malas e dar o fora.

Não importa quantas vezes ao dia alguém lhe passa uma folha de papel, diga "obrigado" invariavelmente. Não importa quantas vezes você tem de pedir a mesma coisa, diga sempre "por favor". Se alguém faz alguma coisa por você, mesmo que seja algo trivial, comum, repetitivo e aborrecido, ou mesmo que não exija qualquer esforço, diga sempre "obrigado".

Se você esquecer uma única vez, será rotulado de grosseiro, mal-educado e desagradável. Dê uma pequena alegria a alguém e não se esqueça disso, por favor. Muito obrigado.

Uma vez trabalhei com um gerente que conseguia tudo o que pedia à sua equipe. Seus colaboradores trabalhavam depois do expediente, de madrugada, nas folgas e nos feriados, levavam serviço para casa e se esforçavam muito mais pela empresa do que os funcionários dos outros departamentos. Todos nós o observávamos atentamente, tentando descobrir seu diferencial. Ele havia conquistado a lealdade de sua equipe num grau muito superior ao que nós conseguimos. Imagino que, a esta altura, você já tem a resposta na ponta da língua. É isso mesmo: ele dizia "por favor" e "obrigado".

Essa minúscula demonstração de gentileza dava um resultado imenso. Eu não sei se a equipe dele tinha consciência do que ele fazia. Certamente nós, gerentes, demoramos a perceber. A maioria achava que também dizia "por favor" e "obrigado". A diferença é que ele dizia sempre, sem falha, todas as vezes. E seus colaboradores percebiam que aquelas palavras vinham do fundo do coração.

Um "obrigado" sincero e cordial pode levá-lo muito longe. Também é uma ótima forma de responder a elogios e parabéns. Se alguém lhe disser que você fez determinado trabalho bem, não vá enrubescer e gaguejar: "Ora, não foi nada..." Isso desvaloriza o cumprimento que estão lhe fazendo. É muito melhor dizer simplesmente: "Muito obrigado!"

Outro ponto importante é nunca usar a expressão "por favor" com o objetivo de adular um colaborador ou convencê-lo a lhe prestar um favor. Você deve dizer claramente: "Você poderia trabalhar na hora do almoço, por favor, porque precisamos de mais alguém para atender os telefones? Prometo compensar seu tempo depois." Nunca diga: "Por favooooor, pode trabalhar agora, por favorziiiinho?"

R E G R A 4.8

NÃO USE LINGUAGEM VULGAR

É verdade que todos nós soltamos um palavrão de vez em quando. Eu sei que você até acha legal. Afinal, temos de ser modernos e seguir as tendências de nossa época... Só que, lamento muito, no ambiente profissional não é permitido usar linguagem grosseira de qualquer tipo. Você pode dizer o que quiser quando voltar para casa ou quando estiver sozinho em seu carro. Mas no trabalho é expressamente proibido xingar, praguejar ou usar qualquer termo de baixo calão. É uma regra simples, mas funciona porque é um padrão de comportamento básico. Agora me diga: que decisões você tem de tomar ou que escolhas precisa fazer com relação a isso? Resposta: nenhuma. Absolutamente nenhuma. É assim que você faz e pronto! Você não diz palavrão, portanto não há nenhuma dificuldade, nada a decidir nessa questão.

Mas se você tem o hábito de xingar o tempo todo, precisa tomar tantas decisões e fazer tantas escolhas que me surpreende que encontre tempo para trabalhar. Por exemplo:

- Você diz um palavrão cada vez que alguma coisa dá errado?
- Você fala obscenidades ao telefone?
- Você pragueja na frente de seu chefe?
- Você usa linguagem vulgar com seus clientes?
- Você xinga os clientes?
- Você decide usar algumas palavras de baixo calão mas não outras?
- Você diz blasfêmias de caráter religioso?

- Você se limita a grosserias leves ou já parte para as realmente ofensivas?

Esse é um campo minado. Um pesadelo. De fato, é muito mais fácil não se preocupar com isso. Esta não é uma regra puritana. É uma necessidade ditada pela eficiência. Economiza tempo e esforço. Se você simplesmente não fizer nunca, jamais terá de pensar a respeito. Simples assim.

"Você pode dizer o que quiser quando voltar para casa ou quando estiver sozinho em seu carro. Mas no trabalho é expressamente proibido xingar, praguejar ou usar qualquer palavra de baixo calão."

REGRA 4.9

SEJA UM BOM OUVINTE

Não quero dizer com isso que você tenha de oferecer um ombro macio e amigo para que todo mundo venha chorar nele. Na verdade, isso não é ser um bom ouvinte, é terapia. Um bom ouvinte é alguém que deixa bem claro que está escutando seu interlocutor. O que você deve fazer é o seguinte:

- Use expressões encorajadoras: "hum-hum", "prossiga", "sim, estou escutando".
- Capriche na linguagem corporal: mantenha a cabeça inclinada para um dos lados, os olhos abertos e voltados para a pessoa que fala, sem bocejar ou mexer no seu relógio de pulso.
- Repita algo que seu interlocutor disse, para que ele saiba que você está escutando: "Sexta-feira às três horas, sim, já tomei nota."
- Faça com que o interlocutor repita as coisas que você não escutou ou não entendeu: "Pode repetir essa parte a respeito da nova filial, por favor? Não sei se entendi bem."
- Faça perguntas: "Quer dizer que a mudança para outro estado não vai acontecer agora?"
- Tome notas: escreva algumas coisas enquanto a outra pessoa está falando.

Agora me diga, por que você iria querer ser um bom ouvinte? Por alguns motivos simples, tais como:

- Ter acesso aos fatos.
- Compreender melhor o que se espera de você.
- Captar o que está se passando ao seu redor.
- Parecer simpático e atencioso.
- Ser considerado inteligente e alerta.
- Ganhar a reputação de alguém que tem total controle sobre o seu trabalho.

Se você não escutar, nunca saberá de nada. Mas se vai escutar, deixe bem claro aos seus interlocutores que você está prestando atenção no que eles dizem.

Saber escutar é uma habilidade, um talento especial, que você vai ter de aprender e praticar. Não acontece do dia para a noite nem é automático. Você tem de se concentrar no que está fazendo, perceber quando não está escutando e voltar sua atenção para o interlocutor.

> "Saber escutar é uma habilidade, um talento especial, que você vai ter de aprender e praticar."

R E G R A 4.10

SÓ FALE QUANDO TIVER ALGUMA COISA SENSATA A DIZER

Para alcançar o sucesso e ser promovido, você tem de projetar a imagem correta: de um profissional esperto, maduro, confiável, prudente, sofisticado e experiente. Uma única palavra descuidada ou um breve momento em que você baixe a guarda podem destruir sua carreira e jogar por terra todo o seu esforço anterior.

Por isso você tem de morder a língua antes de:

- Fazer qualquer comentário que não seja politicamente correto.
- Soltar piadas ou dizer alguma coisa que possa discriminar ou ofender qualquer grupo;
- Fazer observações sexistas.
- Tratar os outros com condescendência.
- Demonstrar arrogância.
- Perder a calma.
- Xingar os outros ou usar qualquer palavra ofensiva – *regra 4.8.*
- Reclamar, resmungar, falar mal da vida alheia – *regras 4.1, 4.2* e *4.3.*
- Revelar o que realmente pensa das pessoas.

Seria prudente aprender a falar pouco, em vez de tagarelar o tempo todo. Se você deixar sua língua correr solta, será muito mais provável que venha a dizer alguma coisa errada. Mas se pensar com cuidado e medir as palavras, então terá mais chance de expressar sua opinião de maneira precisa e sensata, editando seu discurso e segurando a língua para não falar besteira. Desse modo, você ganhará fama de inteligente e maduro. As pessoas vão procurá-lo em busca de conselhos e orientação, porque sabem que você pensa antes de falar e não fica dizendo a primeira coisa que lhe vem à cabeça. Vão confiar em você. E uma pessoa confiável é um candidato natural à promoção e ao sucesso.

Faça um esforço para que tudo o que você diga cause um impacto e não seja perdido na algazarra geral do escritório. Não perca tempo comentando o que você viu na televisão ontem à noite – sinceramente, ninguém está interessado. Em vez disso, guarde silêncio, até que tenha alguma coisa realmente importante a oferecer.

"Uma única palavra descuidada ou um breve momento em que você baixe a guarda podem destruir sua carreira e jogar por terra todo o seu esforço anterior."

R E G R A 5

TENHA CUIDADO

A maioria das pessoas com quem você se relaciona provavelmente é decente e agradável de se conviver. Entretanto, sempre existem aqueles que não são. É impossível evitar os patifes, os invejosos, aqueles que aproveitam a menor oportunidade para apunhalar você pelas costas ou derrubá-lo e ainda pisar em cima. Eles vão alvejá-lo só para ver de que lado você cai. Procure fazer com que sua nova imagem não o transforme em um alvo preferencial. Esta regra se destina a reduzir seus inimigos e fazer com que você se mantenha sempre um passo à frente deles. À medida que você alcança sucesso, atrai inveja e ciúme, quase como se fosse um processo orgânico. Praticando esta regra, você evitará isso e cuidará de si mesmo – especialmente do que acontece pelas suas costas.

REGRA 5.1

CONHEÇA A ÉTICA DO MERCADO EM QUE VOCÊ ATUA

Muito bem, o que você faz na vida? Não estou me referindo ao seu emprego, e sim à contribuição que sua profissão dá à sociedade. É algo benéfico, positivo, saudável? Ou é prejudicial, negativo, destruidor? Qual é a sua área de atuação? Você já considerou a ética desse segmento?

Mas o que significa ética para nós? Ética é a posição moral do seu ramo de atividade, o que é certo ou errado, bom ou mau. Sua profissão, seu campo de trabalho, é uma coisa boa ou má para a sociedade? Serve para ferir ou para curar? Está contribuindo para a sociedade ou simplesmente tirando alguma coisa dela?

Não, você não tem de pedir demissão caso tenha concluído subitamente que a área em que atua é controvertida. O que pode fazer é trabalhar para mudar as coisas. Naturalmente, se concluir que a abordagem nesse meio é moralmente injustificável – isso já aconteceu comigo e eu pedi demissão – e que não pode mais conviver com isso, tem de cair fora. Essa atitude lhe trará um bom carma, e você acabará se beneficiando, mesmo que tenha prejuízo financeiro.

Na sua área de atuação sempre haverá aspectos bons e ruins. Ocasionalmente, é possível que lhe peçam para ultrapassar a linha e fazer alguma coisa errada. A essa altura você já terá lido a *regra 5.3: Estabeleça seus padrões de moralidade,* mas a *regra 5.1*, que estamos vendo agora, trata da ética do seu campo de trabalho mais do que de padrões pessoais. Você precisa afirmar que aquilo que estão lhe pedindo é moralmente, eticamente ruim para a empresa. Repita quantas vezes for necessário: "O que a imprensa vai dizer se souber disso?"

Você deve demonstrar que aquele tipo de atitude trará conseqüências negativas para a empresa. Procure ser visto como alguém leal à companhia e que, por isso mesmo, está preocupado com o posicionamento ético assumido por ela. Mas para fazer isso você precisa conhecer a ética do ramo em que atua e saber que contribuição ele traz para a sociedade. Comece a pesquisar agora.

REGRA 5.2

CONHEÇA OS ASPECTOS LEGAIS DO SEU RAMO DE ATIVIDADE

Sua empresa está infringindo alguma lei? Você está cometendo algum ato ilegal? Você conhece a legislação que se aplica à sua área de trabalho?

Certa vez trabalhei para uma organização que era um modelo de honestidade. Seus diretores se orgulhavam de estar criando novos padrões para o mercado. Depois de alguns anos, a empresa subitamente mudou seu estilo, deixando de lado a faceta Dr. Jekyll para se transformar em Mr. Hyde, de *O médico e o monstro*. Foi surpreendente. Eu não conseguia entender o que estava acontecendo. Não tinha havido nenhuma mudança radical na diretoria nem qualquer circunstância nova – ou necessidade de sobrevivência – que justificassem aquele comportamento. De repente, leis importantes estavam sendo desrespeitadas.

Descobri que estava trabalhando para uma companhia desonesta e corrupta. O que eu deveria fazer? Fiz vista grossa durante algum tempo até que me pediram para participar de forma ativa nessas infrações. Então resolvi sair. Conservei minha honra e minha reputação e fui trabalhar para um grande concorrente. Depois que fui contratado, meus novos chefes me sondaram em busca de informações sobre o que minha antiga companhia andava fazendo, mas eu não disse nada que pudesse beneficiá-los à custa de meus antigos empregadores. Nem sei por que agi assim, mas me pareceu mais digno guardar aquelas informações para mim. Isso não impediu que eu falasse livremente sobre a maneira como eles gerenciavam seus negócios, sem abordar aspectos legais.

Alguns anos depois, o controle acionário da companhia em que eu trabalhava foi adquirido justamente por aquela velha turma de corruptos. Naquela altura, eles já tinham sido descobertos e punidos legalmente e haviam abandonado suas antigas práticas. Se eu desejava trabalhar para eles de novo? Não particularmente. Mas compareci a uma entrevista com um dos principais diretores, e ele me disse que estava satisfeito por me ter a bordo outra vez: "Pelo menos, você sabe ficar de boca fechada." O leopardo me pareceu ter conservado parte de suas manchas e aí eu pedi demissão.

Então até que ponto seu ramo de negócio é limpo? E sua empresa em particular? Você precisa saber o que podem lhe pedir para fazer e o que é legal ou ilegal. Alguns setores estão submetidos a leis tão minuciosas e bobas que você pode desrespeitá-las sem perceber. Mas faz parte do seu trabalho estar atento a todos os detalhes. Para jogar de acordo com as regras, você tem de estar acima de qualquer suspeita e nunca se permitir ser bode expiatório de coisa alguma. Se alguns diretores corruptos estão atrás de um otário, não deixe que seja você. Tenha o maior cuidado para permanecer claramente do lado certo da linha e não a ultrapasse nem por acidente.

Se você resolver desrespeitar alguma lei, o problema é seu, mas será terrível se acabar atrás das grades porque não sabia o que estava fazendo. Se tiver de ser preso, é melhor ser um condenado inteligente do que um estúpido. "Eu não sabia!" nunca foi uma defesa eficaz para ninguém.

REGRA 5.3

ESTABELEÇA SEUS PADRÕES DE MORALIDADE

Você consegue dormir bem à noite? Para garantir minha paz de espírito, estabeleci padrões de moralidade que não quebro em hipótese alguma:

- Não vou prejudicar ou atrapalhar intencionalmente outro ser humano para subir na carreira.
- Não vou infringir conscientemente qualquer lei para obter sucesso profissional.
- Vou criar um código moral e segui-lo, não importa o que aconteça.
- Vou me esforçar para que meu trabalho possa contribuir positivamente para a sociedade.
- Nunca farei qualquer coisa que não possa contar a meus filhos sem me envergonhar.
- Minha família sempre virá em primeiro lugar.
- Não vou trabalhar de noite, nem nos fins de semana, a não ser que seja uma emergência e eu já tenha discutido o assunto com minha companheira.
- Não vou prejudicar uma pessoa inocente apenas para conseguir um novo trabalho.
- Sempre me esforçarei para devolver o que tomar emprestado.
- Passarei adiante, gratuita e abertamente, todos os conhecimentos, habilidades e experiência que eu tenha adquirido a qualquer um que possa se beneficiar deles – não vou esconder informações sem motivo.

- Não sentirei inveja do sucesso de qualquer profissional da minha área.
- Questionarei as conseqüências a longo prazo de tudo o que fizer.
- Seguirei as regras do trabalho o tempo todo.

Este é o meu código de conduta. Pode ser que não lhe sirva. Você pode precisar ou até já ter um conjunto de padrões morais que considere melhor do que esse. Espero sinceramente que não opte por um pior. Devemos nos esforçar para fazer o melhor possível a cada momento de nossas vidas.

> "Devemos nos esforçar para fazer o melhor possível a cada momento de nossas vidas."

REGRA 5.4

NUNCA MINTA

Como a *regra 4.8: Não use linguagem vulgar*, esta é uma regra muito fácil de seguir. Estabelece um limite sobre o qual você não vai precisar mais pensar. Nunca mentir significa exatamente isso – não mentir em nenhuma circunstância. A partir do momento em que você consolidar a imagem de alguém que nunca mente, ninguém lhe pedirá que conte uma "mentirinha" para ajudá-lo ou para favorecer qualquer outra pessoa.

Se você decidir organizar sua vida baseado em mentiras, terá de fazer muitas escolhas e tomar decisões difíceis. Onde é que se traça a linha divisória? Você só diz pequenas mentiras? Diz mentiras grandes e importantes? Você mente para salvar sua pele? Para salvar a pele dos outros? Você mente pela empresa? Em favor de seu chefe? Para ajudar seus colegas? Até que ponto suas mentiras podem ser elaboradas? Você vai acrescentar uma mentira a outra quando perceber que uma mentira corre o risco de ser detectada? Quando você vai pôr um ponto final nesse processo? Você vai envolver outras pessoas em suas mentiras? Ou pretende ser um mentiroso solitário?

Percebe quantos problemas existem aqui? Se você adotar uma regra simples – nunca mentir –, terá um procedimento-padrão que não exige reflexão, escolhas, decisões ou preferências.

Nunca mentir o livra da culpa, do medo e das recriminações. Também evita que você viva na corda bamba, tentando se lembrar de todas as suas mentiras, correndo o risco de ser punido, demitido, humilhado ou processado criminalmente, e, o que é pior, colocando sua família em perigo.

Nunca mentir é realmente a abordagem mais simples, clara e honesta para a sua vida profissional e a sua carreira.

É possível que você melhore um pouco seu currículo, sua experiência ou seu entusiasmo, mas, por favor, não minta – você será descoberto, posso lhe garantir.

Se eu estou negociando com uma editora e eles me perguntam como é meu novo livro, é lógico que não vou dizer: "Acho que é bem razoável." Em vez disso, vou encher a boca para falar: "Considero este livro brilhante, simplesmente brilhante. Vai vender muito e pode até ser o best-seller que vocês estavam procurando." Existe alguma mentira nisso? Não. Eu não estaria escrevendo o livro se não achasse que continha idéias brilhantes. Será que vai vender assim tão bem? Até pode. Como vou saber com certeza? O mercado oscila muito. É mentira dizer que vai? Não, não é.

É permitido florear um pouco suas qualidades, habilidades ou experiência – apenas não exagere ao ponto de dizer uma mentira. Uma mentira é qualquer coisa que se possa provar que é falsa. Dizer que você está *qualificado* para o cargo de programador de software, se realmente não está, é uma mentira. Por outro lado, dizer que você é um mago em programação de software não é mentira, porque é uma questão de opinião e não a afirmação de um fato real. Mas, em caso de dúvida, nunca minta nem enfeite a verdade.

"É permitido florear um pouco suas qualidades, habilidades ou experiência – apenas não exagere ao ponto de dizer uma mentira."

REGRA 5.5

NUNCA FAÇA NADA PARA ACOBERTAR OS OUTROS

Ser um jogador que segue as regras significa que você está em busca da perfeição, isto é, que você está estabelecendo um código de moralidade extremamente elevado para si mesmo. Os outros não vão ter os mesmos padrões – nem vão alcançar o mesmo sucesso que você justamente por causa disso –, mas eles podem muito bem tentar fazer com que você abaixe os seus, ou então tentar envolvê-lo em suas armações. O que você deve fazer? Novamente, adotar um procedimento bastante simples: nunca fazer nada para acobertar os erros dos outros, nunca mesmo, em hipótese alguma.

Dessa forma, fica fácil. Você não precisa pensar. Não tem de tomar decisões nem fazer escolhas. Você sabe exatamente o ponto em que se encontra. E só precisa fazer com que seus colegas também saibam qual é esse ponto. Você deve deixar bem claro para seu chefe, por exemplo, que não vai acobertar ninguém, o que significa que você está acima de qualquer suspeita, é confiável, irrepreensível.

Optar por dar cobertura para os outros pode complicar tanto sua vida, que realmente não vale a pena. Por exemplo, você só encobre os erros de seus colegas mais chegados ou acoberta qualquer um que lhe peça? Você encobre apenas pequenos incidentes ou os grandes também? Você chega ao ponto de acobertar uma fraude? Ou uma negligência criminosa? O que você vai dizer e fazer se descobrirem? Como vai explicar à sua família o que aconteceu, caso seja despedido?

Se um de seus melhores amigos faz alguma coisa errada ou ilegal no trabalho e pede sua ajuda, como você deve lidar com essa situação? Você pode ser firme e simplesmente responder "Não" – sem precisar explicar mais nada. Ou pode suavizar o golpe, dizendo: "Por favor, não me peça isso. Eu vou ter de lhe dizer 'Não', se me pedir." Desse modo, você lhe abre uma porta de saída e o prestígio dele não é afetado.

Uma vez que você ganhe a reputação de uma pessoa que não acoberta ninguém, será cada vez mais simples manter esse comportamento. A parte mais difícil é ignorar a chantagem emocional que freqüentemente acompanha o pedido de alguém que deseja ser acobertado. Por outro lado, se essa pessoa o considera tão pouco que usa esse tipo de abordagem, então por que diabo você não deveria se negar? O comportamento dela já é suficiente para justificar sua recusa.

Se for pressionado, adote a técnica do disco arranhado e simplesmente continue a dizer: "Não, não posso, por favor, não me peça. Não, não posso, por favor, não me peça..." Garanto que a pessoa vai desistir antes de você. Tenha sempre em mente que um verdadeiro amigo nunca vai colocá-lo numa situação delicada como essa.

REGRA 5.6

TOME NOTA

Quando uma editora e eu fechamos um acordo para publicar um livro, elaboramos e assinamos um contrato que especifica todas as coisas que poderiam ser esquecidas ao longo do caminho. Dessa forma, quando eu entrego o manuscrito e o editor me diz "Mas só tem 100 páginas, nós não tínhamos combinado 200?", posso pegar a minha cópia do contrato e apontar a cláusula que fala claramente em 100 páginas, ou seja lá o que for que tenhamos acertado.

Se o seu chefe pedir que você faça alguma coisa e você tomar nota do pedido na frente dele, será muito mais difícil ele reclamar depois que você fez algo errado ou que estourou o prazo.

Se você precisa apresentar um relatório, envie a seu gerente ou supervisor um memorando curto ou uma simples nota resumindo os fatos mais relevantes, para evitar confusão. Tire uma cópia. E deixe bem claro que você está guardando essa cópia.

Essa providência não se destina a lhe dar cobertura porque você pretende fazer alguma coisa errada. Ao contrário, visa esclarecer todas as questões. Se você tem um documento, uma prova escrita, sua tarefa se torna bem mais fácil, bem mais simples... Quem pode questionar um memorando? É claro que esse tipo de coisa pode ser forjado, escrito mais tarde, modificado, corrigido e/ou reescrito, mas vamos partir do princípio que é um documento autêntico e à prova de falsificação.

É espantoso verificar com que freqüência um detalhe minúsculo pode causar uma tremenda confusão – a não ser que você tenha registrado tudo desde o começo. Tomar nota, escrever memorandos ou e-mails não é uma obsessão, é uma precaução sensata. Ninguém tem memória perfeita. Todos nós esquecemos datas, horários, detalhes. Mas, se anotarmos seja lá o que for, sempre poderemos usar esses registros como referência mais tarde. E muitas vezes nós mesmos ficamos surpresos ao constatar como nos confundimos e lembramos as coisas de maneira equivocada.

REGRA 5.7

SAIBA A DIFERENÇA ENTRE A VERDADE E TODA A VERDADE

Ainda que tenhamos combinado que você nunca vai mentir nem acobertar as falhas de seus colegas, quaisquer que sejam as circunstâncias, isso não significa que você deve ser um delator. Você não precisa dar informações voluntariamente. Se souber que um colega aprontou alguma coisa, não há motivo para você ir correndo contar tudo ao chefão. Em geral, a melhor tática é não se meter e esperar para ver o que acontece. Se o tal colega ficar sabendo que você tinha conhecimento de tudo, mas preferiu não entregá-lo, talvez considere isso como um favor pessoal, que, mais cedo ou mais tarde, fará o possível para retribuir.

Mas, lógico, se alguém lhe fizer uma pergunta, você não vai mentir. No entanto, você deve saber a diferença entre falar a verdade e falar toda a verdade. Não mentir é uma coisa, mas contar todos os pormenores de determinado assunto é bem diferente. Às vezes, vale a pena editar um pouco a verdade que você está relatando. A beleza de jogar de acordo com as regras é que você segue em frente, alcança o sucesso e, ainda assim, é perfeitamente capaz de conviver consigo mesmo – continua sendo uma pessoa boa. Ou seja, você não mente nem acoberta, mas não fica espionando seus colegas, não delata, não trai, não calunia, não passa a perna nem puxa o tapete de ninguém.

Veja bem, este é o mundo real em que os lobos, eventualmente, comem lobos. Tenha cuidado, algumas pessoas são muito desagradáveis. Pode haver gente ao seu redor que prejudica os outros, sem dó nem piedade, mas você não deve participar disso.

Mas também não tem de ser o anjinho da turma. Fique esperto o tempo todo e aprenda a discernir quando deve contar o que se passa e quando o melhor é ficar de boca fechada.

Você precisa se tornar um diplomata, que sabe o que dizer e quando dizer. Um faixa-preta em artes marciais, que nunca abre a guarda. Um terapeuta, que permite que os outros lhe tragam seus problemas mas sabe conservar os seus para si. E, ainda por cima, um mestre zen – que vê tudo, sabe tudo e fala pouco.

REGRA 5.8

CULTIVE SEUS APOIOS, SEUS CONTATOS, SEUS AMIGOS

Se você não dá cobertura aos outros, que utilidade tem para eles? Como já disse, lá fora é o mundo real e as pessoas esperam muito de você. Elas querem que você fique em dívida com elas, facilite as coisas, esconda as bobagens que fizerem, se encarregue de todo o trabalho sujo que não desejam realizar e ainda lhes dê cobertura – tudo ao mesmo tempo. Só que agora você sabe que não deve se envolver em qualquer guerra que esteja ocorrendo em seu escritório. Você se tornou um indivíduo independente. Você não come junto com os tubarões mas, ao mesmo tempo, não deixa que eles o devorem. Nesse contexto, o que você é e para que serve?

Você é uma lagoa tranqüila. Você é a força da equipe, inabalável e inabalado. É o modelo, o fator de honestidade, o padrão que seus colegas usam para julgar a si próprios. Se você acha que alguma coisa não deve ser feita, todos eles vão ficar sabendo que realmente não convém fazer isso. Se der as costas e se recusar a participar de algum negócio duvidoso, eles também vão saber que é melhor não se meter nessa seara. E se você aprovar, todos vão concordar que é bom.

Você estabelece os critérios segundo os quais tudo o mais é julgado. Não acredita em mim? Experimente, garanto que funciona.

E, considerando que você é tão confiável, honesto e verdadeiro, seus colegas vão rapidamente se habituar a confiar em você e lhe pedir conselhos e orientação. Mas há um detalhe importante: você não vai dar nada de graça. Cada palmadinha nas costas, cada empurrão na direção correta, cada sessão de dicas e pistas úteis, cada ponto em que você os orienta tem seu preço: lealdade. Você pode não sair para caçar com a matilha, mas a matilha tem de saber quem é o líder – você, claro. E como vai obter esse reconhecimento? Com bondade, com consideração e jogando limpo. Nunca deixe as pessoas na mão. Nunca dedure ninguém. Nunca jogue os outros na lama. Seja sempre alegre, prestativo e leal. Nunca minta nem acoberte atos ilícitos, mas fique do lado dos seus colegas sempre que você puder – seja protetor, cooperativo, amigo e genuinamente interessado neles como seres humanos.

R E G R A 5.9

ENTENDA O QUE MOTIVA AS OUTRAS PESSOAS

Então, o que o impulsiona? Sabemos que você é honesto, diligente, trabalhador, esperto, bem-sucedido e motivado. Você consegue realizar seu trabalho maravilhosamente bem, impressiona seus chefes, tem o respeito de seus colegas e a admiração e a lealdade de seus subordinados. Você vai para casa à noite sabendo que trabalhou bem o dia inteiro, que se mostrou agradável com todos e que é uma pessoa boa.

Você consegue dormir tranqüilamente porque não caluniou ninguém, não infringiu nenhuma lei nem agiu de maneira errada em qualquer sentido. Você está ganhando bem, mas essa não é a força que o move – o que o faz seguir em frente é a necessidade de ser o melhor de todos. Mas o que motiva as demais pessoas? Se você quiser progredir, terá de entender o que as impele.

E, para isso, precisará ingressar no mundo nebuloso da psicologia. As razões que estimulam os outros podem ser bem variadas:

- poder;
- dinheiro;
- prestígio;
- vingança;
- desejo de magoar;
- necessidade de ser amado.

Qualquer pessoa que seja motivada pela necessidade, pelo medo ou pela ambição deve ser tratada com todo o cuidado.

Você deve se esforçar para se manter nas boas graças dela sem recorrer à bajulação, para superar suas manobras sem se rebaixar e para ficar alerta sem ser paranóico.

Agora, dê uma olhada ao redor e identifique a força motriz da carreira de seus colegas. Examine com o mesmo cuidado o que impulsiona seu chefe e o chefe do seu chefe. Aprenda a reconhecer seus motivos e você será capaz de manobrá-los com facilidade. Conhecimento é poder.

"Qualquer pessoa que seja motivada pela necessidade, pelo medo ou pela ambição deve ser tratada com todo o cuidado."

REGRA 5.10

PRESUMA QUE TODOS ESTÃO JOGANDO DE ACORDO COM SUAS PRÓPRIAS REGRAS

Nós dois sabemos que regras você está seguindo, mas... e os outros? Quais são os padrões que regem seu comportamento? Qual é o manual de conduta que adotam? Provavelmente, eles estão estabelecendo as regras à medida que seguem em frente. Ou seja, são imprevisíveis e erráticos.

Nem todos vão seguir seus altos padrões de honestidade e moralidade. É óbvio que existem pessoas boas e dignas – como você – capazes de galgar as escadas corporativas. Mas também há inúmeras outras que seguem regras bastante suspeitas.

O livro de regras que você segue agora deve permanecer secreto. Se você revelar seus princípios, estará quebrando as regras. Se presumir que todos estão jogando com regras diferentes, não estará muito longe da verdade. Mas você não deve pressupor que as regras adotadas por eles são melhores nem piores do que as suas. Caso espere que eles sigam o seu conjunto de regras ou outro ainda melhor, ficará desapontado, desiludido, magoado, triste ou perturbado. Por outro lado, se presumir que as regras que eles seguem são piores do que as suas, você ficará desconfiado, apreensivo, paranóico, cheio de suspeitas e totalmente cético.

Ter consciência de que cada um joga a seu modo, sem fazer prejulgamentos, vai mantê-lo aberto e receptivo, cuidadoso mas esperançoso, disposto a acreditar, mas não crédulo demais.

É como ser um mestre de artes marciais:

- Você se conserva alerta e preparado, mas não fica dependente de sua força muscular, nem tampouco se torna agressivo.
- Você permanece flexível para poder movimentar-se como um gato e desviar-se de tudo o que seja lançado em sua direção, mas nunca chega a adotar uma atitude beligerante.
- Você está pronto para enfrentar qualquer coisa, porque estabeleceu uma base de apoio e está centrado em si mesmo.

"O livro de regras que você segue agora deve permanecer secreto. Se você revelar seus princípios, estará quebrando as regras."

REGRA 6

ENTURME-SE

Ninguém gosta de uma ovelha negra ou de um corvo branco ou de um peixe que nada na direção oposta ao resto do cardume. A *regra 6* lhe ensina como se tornar "um deles", para que você não pareça um penetra. Você pode se destacar como o líder do grupo – mostrar que é melhor e mais eficiente –, mas, mesmo assim, continuará sendo "um de nós", porque aprendeu como se adaptar e se misturar ao grupo.

REGRA 6.1

CONHEÇA A CULTURA DA SUA EMPRESA

Cada corporação, empresa, indústria ou mesmo pequeno escritório possui uma cultura. Saber que cultura é essa lhe dá uma vantagem competitiva, uma chave para o sucesso. Conhecimento é poder.

Cultura corporativa é o jeito como os membros da corporação fazem as coisas. Algumas vezes essa cultura é determinada pela própria companhia, mas quase sempre é desenvolvida pelas pessoas que trabalham nela – cresce organicamente, sem um plano ou uma estratégia. Se você desconhecer essa cultura – ou não souber utilizá-la –, vai acabar parecendo um tolo que pode ser facilmente passado para trás.

Tenha em mente que cerca de 70% das demissões não ocorrem porque as pessoas não conseguiram fazer seu trabalho de maneira adequada, mas porque não assimilaram a cultura corporativa – simplesmente não se encaixaram.

Você não precisa aceitar a cultura corporativa – não precisa acreditar nela –, tem apenas de se encaixar. Se todos os gerentes jogam tênis, então vá jogar tênis. Mesmo que você odeie qualquer esporte com raquete, aprenda a jogar tênis se isso for necessário para que você se integre ao grupo.

Lógico que você pode questionar se quer mesmo se enturmar. Pode questionar se jogar tênis ou golfe ou futebol é o que espera da vida. Mas, se você quer progredir e alcançar sucesso e também deseja fazer parte da equipe de uma companhia em particular – na qual jogar tênis faz parte da cultura corporativa –, então será obrigado a jogar também.

> "Você não precisa aceitar a cultura corporativa – não precisa acreditar nela –, tem apenas de se encaixar."

REGRA 6.2

FALE A MESMA LINGUAGEM

Para se adequar à empresa, você deve ser capaz de seguir a cultura corporativa, e falar a mesma linguagem constitui uma parte importante disso. Você pode entregar o jogo porque não sabe o jargão certo. Se todos estão usando determinada gíria maluca na sua empresa, você também deve empregá-la. Não, aqui não é a hora nem o lugar de discutir se você deseja ou não trabalhar em uma companhia meio amalucada – isso você terá de decidir sozinho, naqueles momentos em que fica examinando a alma antes de pegar no sono.

Se seu chefe adora siglas e tem sempre um PPP (Proporção entre Pessoal e Produção) na ponta da língua, você também precisa começar a falar em PPP. Você não foi contratado para educar os outros, reeducá-los, edificá-los, informá-los, ensiná-los, fazer com que ajam com mais classe, acabar com a mediocridade reinante ou sequer instruí-los. Você deve simplesmente adotar a linguagem corporativa. Sei que haverá ocasiões em que esse tipo de conversa vai deixá-lo com vontade de sair gritando, mas não tem jeito: você precisa falar a mesma língua que seus superiores, colegas e subordinados.

Esta regra só deve ser quebrada quando se aplicar à linguagem vulgar. As regras dizem que você não deve praguejar nem usar palavras grosseiras ou obscenas. Mas se a cultura corporativa determina que todo mundo fale palavrões, o que você deve fazer? Resposta: "Não use linguagem vulgar." A *regra 4.8* é mais importante que a *regra 6.2*. Fale sempre de maneira educada.

"Se todos estão usando determinada gíria maluca na sua empresa, você também deve empregá-la."

REGRA 6.3

VISTA-SE DE ACORDO COM O PADRÃO DA EMPRESA

Como já vimos, é importante vestir-se sempre com elegância e estilo, mas o que você deve fazer se for contratado para trabalhar naquela empresa de publicidade em que todos usam jeans e camiseta de mangas curtas? Acertou, você terá de usar jeans e camiseta também. Só tenha o cuidado de comprar os jeans mais modernos, estilosos, elegantes e bem cortados – não, não, não, não passe a ferro, pelo amor de Deus, não se usa jeans com vinco!

Observe como os outros se comportam. Se durante uma reunião todo mundo tira o paletó e enrola as mangas da camisa, faça o mesmo. Se o ambiente for muito formal e todos conservarem o paletó, nem pense em tirar o seu. Pode parecer óbvio, mas você se surpreenderia se soubesse com que freqüência uma única pessoa segue marchando ao toque de um tambor diferente – e, naturalmente, essa é a pessoa que vai cair no ostracismo.

Em alguma medida, todo mundo precisa pertencer ao rebanho, encaixar-se, misturar-se, colocar uma camuflagem para não atrair uma atenção desnecessária sobre si mesmo. Obviamente, se o dono da empresa tirar o paletó, você deve tirar o seu. Mas também não vire um clone nem fique imitando sem pensar qualquer coisa que os outros façam. Estamos falando de se vestir melhor ou de maneira mais informal de modo geral, não a cada minuto, não em todos os momentos.

Sempre achei melhor esperar alguns minutos e observar o que os outros estão fazendo, em vez de ser o primeiro a imitar o comportamento do chefe. Aguarde um pouco, pode ser um abismo e não uma oportunidade de promoção. Outra dica útil é encontrar alguém que sirva de modelo de comportamento e verificar primeiro se essa pessoa se vestiria de tal maneira ou se faria tal coisa.

REGRA 6.4

ADAPTE-SE AO LIDAR COM PESSOAS DIFERENTES

Ser um camaleão pode ser um ótimo negócio desde que você consiga desempenhar corretamente esse papel. Como as pessoas são diferentes, se você tentar tratá-las da mesma forma, correrá o risco de ofender todo mundo ou não deixar ninguém satisfeito.

É mais fácil entender esta regra se você for pai ou mãe. Se tiver mais de um filho, saberá como é essencial *não tratar* todos do mesmo modo. Cada criança necessita de tratamento e estímulos diferentes. Com algumas, basta mostrar-se levemente desapontado quando fazem algo errado. Com outras, é preciso se transformar num verdadeiro monstro só para conseguir que se levantem e se vistam de manhã.

Tenho cinco filhos e uma filha e preciso me relacionar com cada um deles de forma diferente. Algumas vezes, eu me esqueço e trato todos da mesma maneira, e eles ficam surpresos e magoados. Cada um quer que eu seja diferente, único, especial para ele. Na condição de gerente, você é uma espécie de pai ou mãe para seus colaboradores e tem de tratá-los como indivíduos.

Quando me tornei gerente geral, senti que conseguiria extrair o melhor da minha equipe sendo agradável e bondoso. Mas sempre havia um ou outro rebelde que simplesmente não respondia a esse tipo de tratamento. Eles estavam tão entrincheirados em sua antiga visão das relações de trabalho que esperavam que todo chefe fosse um completo troglodita, que gritasse com eles e lhes dissesse o que tinham de fazer. E ali estava eu, perguntando como estavam, indagando o que achavam desse ou daquele assunto. Essas pessoas simplesmente não sabiam como lidar com a situação e eu era forçado a ser desagradável com elas, a fim de obter resultados – estilos diferentes com pessoas diferentes.

É preciso ser maleável e estar preparado para mudar rapidamente, dependendo do que se espera de você. O gerente perfeito é aquele que demonstra ter jogo de cintura.

Estude a forma como você trata as pessoas. Suas maneiras são sempre as mesmas, não importa quem sejam seus colaboradores ou o que esteja acontecendo? Você se adapta e muda com rapidez e facilidade? Identifique as pessoas de sucesso ao seu redor e observe o modo como elas se relacionam com os outros.

REGRA 6.5

SAIBA AONDE IR E QUANDO IR

Sempre existem locais onde os ricos e poderosos se reúnem em ocasiões formais e informais. Você precisa descobrir quais são esses lugares e aprender a utilizá-los para obter informações, fazer contatos, ser visto e causar impacto. Fora do trabalho o alto escalão pode se encontrar no bar do clube de tênis ou em determinado restaurante. Não importa, você tem o dever de saber onde fica. Agora, não vá correndo lá nem se meta na conversa deles, sob o risco de fazer um papelão. Você tem de sondar o território primeiro, informar-se de tudo o que precisa saber antes de entrar lá. É um restaurante muito chique, exige que você se vista mais formalmente ou de maneira casual? Há uma lista de espera para tornar-se membro do tal clube de tênis? Você não se sentiria deslocado no meio desses chefões? Você poderia aparecer nesses lugares "por acaso" ou ficaria óbvio que foi até lá de propósito, esperando uma oportunidade para obter alguma vantagem?

Embora precise tomar muito cuidado na aplicação desta regra, você deve tentar saber onde eles se reúnem e como poderia ter acesso a esses lugares. É provável que você decida nunca ir lá. Tudo bem, a escolha é sua. Mas, se o assunto surgir em uma conversa, você terá a vantagem de saber onde é o ponto de encontro deles. Mais uma vez: informação é poder.

No próprio trabalho pode haver um corredor onde eles conversam, junto à máquina de café ou ao lado da xerox. Mas tente sempre dar a impressão de que estava apenas de passagem. Torne seu rosto conhecido e seu nome familiar.

Talvez eles gostem de tomar um uísque no bar em frente ao escritório todas as sextas-feiras, ou antes das reuniões com os acionistas, ou antes do fechamento de grandes projetos. Dê um jeito de chegar primeiro que eles, desse modo você não precisará inventar uma desculpa para justificar por que apareceu.

"Torne seu rosto conhecido
e seu nome familiar."

REGRA 6.6

ENTENDA OS PROTOCOLOS SOCIAIS

Toda companhia, todo local de trabalho tem seus protocolos sociais. Saiba quais são os da sua empresa e siga-os religiosamente. Podem ser coisas muito simples como:

- Não leve a esposa ou o marido às festas do escritório.
- Não falte aos eventos da empresa nem mesmo nos dias de folga.
- Não para em determinadas vagas no estacionamento da firma porque, mesmo que não estejam marcadas, estão extra-oficialmente reservadas para a mulher e os filhos do presidente do conselho.
- Não deixe de participar das vaquinhas para os presentes de aniversário, de casamento ou de despedida de algum colega.
- Sempre trate o chefão como Carlos ao falar com ele (é assim que ele gosta), mas diga "Carlinhos" nas conversas com o resto do pessoal e refira-se a ele como "Dr. Carlos" quando estiver com pessoas de fora ou com seus assistentes.
- Não há nenhum problema em tomar uma taça de vinho no almoço, mas pedir cerveja é considerado de mau gosto.

Talvez você nunca venha a saber de onde vêm algumas dessas regras não escritas. Por exemplo, a cerveja passou a ser malvista porque uma vez um colaborador exagerou na bebida na hora do almoço e disse desaforos a Carlos. Ou então certa vez Carlos passou por uma situação embaraçosa quando a esposa de um gerente jogou charme para ele durante uma festa do escritório e ele quase entrou na dela, antes de descobrir que era casada. Portanto, maridos e mulheres não têm permissão para participar desses eventos.

Num determinado período, eu trabalhei para uma companhia em que era considerado tabu tomar qualquer bebida alcoólica durante o horário de trabalho. Você não podia sequer beber uma cerveja no almoço. Eu não me incomodava em cumprir a regra porque não bebo mesmo, mas estava intrigado com a proibição. Até que fiquei sabendo que a empresa tivera um gerente financeiro que se trancava em seu escritório depois do almoço supostamente para tirar um cochilo a fim de curar a bebedeira. Só que ele não dormia. Na verdade, ele bebia muito na hora do almoço, mas passava as tardes movimentando os fundos da companhia e fazendo transferências para sua própria conta. Um dia ele foi descoberto e demitido, e a partir daí tornou-se proibido beber. E todas as salas tinham de permanecer com as portas abertas.

REGRA 6.7

CONHEÇA AS REGRAS SOBRE AUTORIDADE

Quem é que manda em seu escritório? Aposto que não é o chefe. Os chefes tendem a se trancar em suas elegantes salas, deixando o trabalho de dirigir a empresa para alguma outra pessoa. A sua principal tarefa é identificar essa pessoa e conquistar suas boas graças.

Já trabalhei em companhias em que a autoridade real se encontrava nas mãos do consultor de relações públicas, de uma secretária do departamento jurídico, de um auditor, de um subgerente ou até mesmo de um cliente importante. Em todos os casos, essa pessoa em particular tinha o poder na mão porque:

- Conseguia fazer com que o chefe a escutasse.
- O chefe confiava nela.
- Fazia campanhas sutis de rumores, em vez de dizer qualquer coisa diretamente ou desafiar alguém.
- Já estava ali há muitos anos.
- Era motivada inteiramente por poder e autoridade.
- Era desagradável o bastante para empregar técnicas variadas que impusessem a sua vontade.
- Era extremamente esperta, mas não tinha experiência, qualificação ou habilidade suficientes para de fato assumir o cargo e desempenhá-lo adequadamente.

Assim que eu fiz amizade com essas pessoas, as coisas passaram a funcionar muito melhor para mim. Mas enfrentei algumas dificuldades porque nunca conseguia identificá-las logo de início. Eu ia falar com o chefe e só mais tarde percebia que tinha cometido uma gafe ao me dirigir diretamente a ele. O chefe dizia alguma coisa do tipo: "Ah, mas tudo passa pelas mãos da Sarah primeiro." Ou: "Eu vou conversar com a Janine, para ver se ela acha que é uma boa idéia." Ou ainda: "Você não quer verificar primeiro com o Trevor e depois vir me procurar outra vez?"

Logo aprendi a procurar primeiro as pessoas que o chefe sempre escutava. Você deve jogar de acordo com as regras delas e não gerar inimizades. Elas são a verdadeira autoridade, e você deve prestar-lhes a devida homenagem. Eu sei que não é justo, entendo que você odeia fazer isso, mas, até que apareça um sistema melhor, somos obrigados a trabalhar com o que temos.

REGRA 6.8

CONHEÇA AS REGRAS SOBRE HIERARQUIA

Os protocolos e hierarquias que governam os escritórios são ultrapassados, mesquinhos e estreitos, mas ainda estão muito presentes no nosso dia-a-dia. Não faz muito tempo, trabalhei numa empresa em que todos os eventos eram coordenados pela secretária do chefe e não por um departamento de marketing. O problema era que, se ela não gostasse de você por algum motivo – porque você fumava, falava do chefe de uma forma que ela considerava crítica, dizia palavrões ou se vestia de maneira informal –, seu evento estava condenado ao fracasso. Ela economizava no bufê, só mandava os convites em cima da hora, escolhia um local distante e sem charme. Mas, se você conseguisse cair nas boas graças dela, o cenário mudava de uma hora para a outra e você passava a ter direito a tudo do bom e do melhor.

Talvez você alegue que, se era assim que a coisa funcionava, eu não tinha o direito de me queixar. Sim, mas acontece que a secretária não era minha chefe. Eu apenas utilizava seus serviços ocasionalmente, e minha posição na empresa era bem superior à dela. Mesmo assim, eu tinha de me submeter a essa hierarquia, que me forçava a buscar o patrocínio de uma pessoa inferior a mim na escala corporativa, a fim de conseguir que um trabalho relativamente simples e rotineiro fosse realizado. É claro que eu ficava com raiva, porque tinha de investir um bom tempo paparicando a secretária para garantir que ela cuidaria dos meus eventos com carinho. Era improdutivo e mesquinho. Mas, volto a dizer: a gente precisa trabalhar com o que tem.

Então, o que é que a gente faz? Entra no jogo, que remédio! A única alternativa que existe é sorrir e fazer a corte.

"Os protocolos e hierarquias que governam os escritórios são ultrapassados, mesquinhos e estreitos, mas ainda estão muito presentes no nosso dia-a-dia."

REGRA 6.9

NUNCA DEMONSTRE SUA DESAPROVAÇÃO

Pois muito bem, a turma toda vai de novo tomar chope e comer salgadinhos no bar da esquina na hora do almoço. Você odeia isso. Você detesta a fumaça, a algazarra e as conversas idiotas a respeito da programação de tevê.

Mas você diz isso a eles? Não, é claro que não. Você tem de ser parte da equipe, se enturmar. É preciso que eles pensem que você está ali em espírito, mesmo não estando realmente lá. Fácil. Você se desvencilha dizendo que tem de fazer umas compras, que prometeu visitar um amigo, que acaba de se matricular na academia exatamente nesse horário.

Não demonstre sua desaprovação, senão eles vão começar a vê-lo como um intruso. Tampouco lhes diga que vai ficar no escritório para terminar um trabalho que está atrasado – eles vão achar que você é um puxa-saco. Mas cai bem dizer que vai fazer algumas compras e depois simplesmente ir a algum lugar agradável comer uma refeição decente enquanto trabalha no seu laptop. Você pode fazer todo aquele serviço extra, mas eles não precisam ficar sabendo.

Nunca diga a seus colegas que você acha que beber na hora do almoço é improdutivo e pouco saudável. Fale que daqui a pouco você vai dar um pulo lá, mas que eles não precisam esperá-lo: "Tomem um chopinho por mim..." Dessa forma, a turma vai achar que você é "um deles", sem que você jamais seja de fato. Você será aceito, desde que não demonstre que desaprova o que eles fazem.

Quando a turma inteira for jogar sinuca na noite de terça-feira, você não vai dizer: "Ah, não, sinuca é coisa de malandro!" Nada disso. Você pode dizer: "Ih, na terça? Que pena, já combinei que vou jantar com a minha mãe." Ou, quem sabe, em vez disso, você engole seu orgulho, seus padrões de comportamento e sua desaprovação – e acompanha a turma. Talvez você acabe até se divertindo. Mas uma coisa é certa: você vai se misturar ao grupo e não vai mostrar desaprovação por seus colegas.

A maneira como os outros aproveitam seu tempo de folga, seu dinheiro ou suas vidas não lhe interessa. As pessoas inteligentes se concentram em seu próprio caminho e ignoram as estradas que os outros decidiram seguir. Mantenha seu foco no alvo que pretende atingir e não preste atenção no que os outros estão fazendo. Se você simplesmente ignorar, ficará bem mais fácil parar de fazer julgamentos. Ao criticar e reprovar os outros, você acaba também se rotulando, o que o impede de ser flexível e mover-se facilmente de uma situação para outra. Enfim, você também se limita, o que não lhe traz qualquer benefício.

REGRA 6.10

ENTENDA A MENTALIDADE DO REBANHO

As pessoas adoram formar pequenos grupos agradáveis e seguros – famílias, amigos, colegas de trabalho, cidade, região, país, regimento – e são capazes de lutar ferozmente em sua defesa. Se você ameaçar esses grupos – ou se *pensarem* que você os está ameaçando –, elas não vão gostar nem um pouquinho. Portanto, não faça isso. Compreenda que essa mentalidade é importante e junte-se ao rebanho.

Suponhamos que você se integre a um bando de leões. Sim, você pode rolar no chão, rugir, comer zebras, ser muito feroz e pronto – você vai se encaixar no grupo e ser um leão. Isso não significa que você deva submeter-se ao grupo ou mostrar-se fraco. Todo bando tem seu líder, o rei dos leões. Você pode se misturar com a turma, mas se destacar assumindo o comando, tomando a frente.

Fazer parte do grupo não significa se tornar um maria-vai-com-as-outras, e sim um camaleão. Quando eu lhe digo que se enturme, não significa que você tenha de se tornar um clone, perder sua identidade ou seu senso de individualidade. Tudo o que você precisa é conhecer e entender a mentalidade do rebanho e empregar esse conhecimento para o seu próprio bem. Uma vez eu vi um funcionário chorar porque o rebanho – seus colegas de trabalho – se virou contra ele. Ele não conhecia o sistema, era "diferente". Os colegas farejaram seu medo e o atacaram.

O que você tem de ser é o proverbial lobo em pele de cordeiro. Se as ovelhas o cheirarem e aceitarem, então você pode fazer com elas praticamente o que quiser. Mas, se elas sentirem qualquer cheirinho de lobo, ficarão perturbadas.

Estude qualquer grupo de pessoas e você encontrará um senso de conformidade. Todas elas gostam de ser ovelhas porque isso faz com que se sintam:

- seguras;
- confortáveis;
- garantidas;
- protegidas.

O rebanho pensa por elas tudo o que é preciso pensar e elas só têm de pastar tranqüilas e seguras. Você não precisa dessas coisas, isso serve para ovelhas. Você é o lobo. Cultive pensamentos independentes, de lobo.

"Quando eu lhe digo que se enturme, não significa que você tenha de se tornar um clone, perder sua identidade ou seu senso de individualidade."

REGRA 7

ESTEJA SEMPRE UM PASSO À FRENTE

Se você pretende subir dentro da empresa, o melhor é começar a praticar desde agora. A *regra 7* vai ensiná-lo a adotar o estilo, as atitudes e as particularidades do cargo acima do que você ocupa agora. Se você já se parece com alguém que foi promovido, todas as probabilidades indicam que será.

REGRA 7.1

VISTA-SE COMO SEUS SUPERIORES

Quando eu era subgerente, vestia-me como um deles. Quando comecei a pensar seriamente em promoção, passei a estudar o que os gerentes – e os gerentes-gerais – usavam. Decidi me vestir como um gerente geral e acabei sendo promovido diretamente a esse cargo, pulando o degrau de gerente. Existe um estilo para cada função. Você precisa traçar seu objetivo, pensar no cargo que almeja e começar deliberadamente a se vestir como se já tivesse sido promovido. Então você conseguirá esse trabalho. É simples assim. Desde que, depois de ter sido promovido, você tenha condições de cumprir os deveres que esse cargo acarreta – não tente voar antes de aprender a engatinhar.

Ao longo da minha carreira, participei de muitas entrevistas para as mais diversas posições. Nunca deixei de me espantar com a maneira como as pessoas se vestem para essas ocasiões. Às vezes, dá a impressão de que não querem o emprego. Já vi entrevistas para cargos executivos em que os candidatos se apresentavam com um terno surrado e amassado, a camisa amarrotada, sapatos sem lustro e cabelos despenteados.

Às vezes, os candidatos a cargos do alto escalão chegavam atrasados, iam ao escritório errado, no dia errado, com as informações erradas, e obviamente eram os indivíduos errados para o emprego. Já fiz entrevistas em que candidatos a estagiário apareceram usando um abrigo esportivo – não exatamente o que eu tinha em mente.

Seja qual for o trabalho que você estiver realizando agora,

deve ficar de olho na posição imediatamente acima da sua. Ainda não fez isso? Veja a *regra 3: Tenha um plano de ação*. Se você deseja esse cargo, deve saber quem é o titular da posição. Estude-o. Que tipo de roupa ele ou ela usa? De que maneira se veste? Em que estilo, em que nível de elegância? Existe alguma coisa que você possa aprender ao observar como essa pessoa se veste? Você pode começar a copiar seu estilo desde agora? Quando digo "copiar", quero dizer aprender a se vestir assim de verdade. Se isso significa passar a usar um terno elegante, então se acostume com isso desde já.

Não há nada mais desconfortável do que ocupar uma nova função para a qual você foi promovido e ao mesmo tempo começar a adotar um novo estilo. Todos vão perceber que o colarinho não lhe assenta bem ou que os sapatos parecem muito apertados e que você não está acostumado a se vestir de maneira tão elegante, pois fica continuamente puxando a saia para baixo ou endireitando o nó da gravata.

"Você precisa traçar seu objetivo, pensar no cargo que almeja e começar deliberadamente a se vestir como se já tivesse sido promovido. Então você conseguirá esse trabalho."

REGRA 7.2

FALE COMO SEUS SUPERIORES

Como é que seu chefe fala? Presumo que seja esse cargo que você gostaria de ocupar. Se não for, qual é o emprego dos seus sonhos no momento? Bom, vamos imaginar que você esteja de olho no emprego do seu chefe imediato. Como é que ele fala?

O que eu quero dizer com isso? Vou explicar agora. Não me refiro ao sotaque ou à pronúncia dele, mas ao conteúdo, aquilo que ele diz. Aposto que você sempre constrói suas frases com o pronome "eu" enquanto seu chefe, provavelmente, usa muito mais o "nós". No seu discurso, você adota o ponto de vista de um trabalhador enquanto ele fala em nome da companhia.

Quanto mais elevada a sua posição, menor é a possibilidade de que você:

- Fique tagarelando coisas sem sentido.
- Faça fofoca.
- Use linguagem vulgar.
- Converse sobre novelas e seriados de televisão ou a respeito de outras coisas que não têm relevância para o trabalho – os chefes têm a tendência de ser muito mais focados e menos inclinados a perder tempo.
- Diga a primeira coisa que lhe dá na telha – os chefes tendem a pensar mais e a fazer pausas antes de falar (pelo menos os bons chefes).

Portanto, se você vai falar como seus superiores, precisa ser mais cuidadoso, conversar sobre assuntos relevantes, utilizar "nós" com mais freqüência do que "eu", manter o foco, ser dinâmico e guardar os detalhes de sua vida pessoal para si mesmo. Você se torna mais altivo, levemente distanciado, maduro, responsável, confiável e consciencioso.

Quando eu falo em "altivo", não quero dizer arrogante. Tenho certeza de que você encontrará muitos gerentes que erram numa coisa tão simples. Não existe lugar para arrogância no trabalho. Arrogância é presunção e falsa importância. Altivez é mostrar-se levemente acima dos problemas, manter-se destacado e superior simplesmente por ser mais experiente e bem treinado e por ter maiores habilidades naturais.

> "Você precisa manter o foco, ser dinâmico e guardar os detalhes de sua vida pessoal para si mesmo."

REGRA 7.3

AJA COMO SE ESTIVESSE UM PASSO À FRENTE

Tudo bem até aqui. Já conseguimos que você se vista como seus superiores e que fale do mesmo jeito que eles, portanto agora você terá de agir como se já estivesse um passo à frente. Já sei, já sei, são coisas demais, é dureza, é muito difícil fazer tudo isso. Mas quem foi que disse que ia ser fácil? Eu é que não fui. Eu avisei desde o começo que ia ser muito mais difícil do que simplesmente trabalhar como as pessoas normais. Obedecer às regras exige mais esforço, requer mais atenção aos detalhes e dá mais trabalho do que trabalhar. Mas os resultados são fantásticos.

De fato, se você se tornar um bom jogador, estará se qualificando automaticamente para a promoção. É uma espécie de profecia auto-realizável. Para ser capaz de seguir as regras do trabalho, você precisa ter firmeza de caráter, força de vontade, determinação, honestidade, coragem, experiência, grande talento, dedicação, impulso, sangue-frio e carisma – e se você já tiver isso tudo, vai acabar sendo promovido de qualquer jeito.

Portanto, aja como se já tivesse dado esse passo à frente. Preste atenção no modo como seu chefe entra no escritório. Percebeu alguma coisa? Observe a maneira como ele atende o telefone, conversa com os funcionários, recebe os clientes, segura a caneta, pendura o casaco, abre a porta do escritório, senta, levanta. Aposto que você irá perceber que ele se movimenta de um jeito diferente do de um funcionário recém-contratado, da turma da manutenção, do pessoal de vendas, de marketing ou de relações públicas.

Para agir como se já tivesse dado um passo à frente, você precisa ser seguro, confiante e maduro. Você tem de se mostrar tranqüilo, suave e sofisticado – não deve ser prepotente nem agressivo. Vamos fazer um exercício simples: você já tem a sua própria sala? As pessoas batem na porta antes de entrar? O que é que você diz? Um delicado "Entre, por favor" ou um "Entre!" mais incisivo? Quanto mais alto você chega, menos tempo tem a perder. Você se torna mais fluente, rápido, ágil e direto. Acaba optando pela objetividade – um simples "Entre!" é mais prático. Você também tem de ser prático. Esse é o segredo. Passe adiante.

"Para ser capaz de seguir as regras do trabalho, você precisa ter firmeza de caráter, força de vontade, determinação, honestidade, coragem, experiência, grande talento, dedicação, impulso, sangue-frio e carisma."

REGRA 7.4

PENSE COMO SE ESTIVESSE UM PASSO À FRENTE

Falamos sobre a importância de ser ágil, rápido, prático. Pensar sempre como se estivesse um passo à frente significa pensar de maneira mais rápida e objetiva. Você não dispõe de tempo a perder pensando em:

- Como é que isto vai afetar a minha rotina?
- Ainda conseguirei tirar férias?
- Será que eu vou ter de trabalhar mais?
- Será que eu vou ganhar prestígio com isto?

Nada disso. O que você vai pensar é:

- Isto vai ser melhor para o departamento?
- A companhia vai lucrar com isto?
- Será que nós, gerentes, vamos conseguir convencer a equipe a fazer isto?
- Nossos clientes vão ficar satisfeitos com isto?

Entendeu a mensagem? Viu aonde eu quero chegar? Você vai começar a pensar mais como um chefe e menos como um trabalhador. Vai passar a encarar tudo do ponto de vista da empresa. Não vai mais se preocupar com a maneira como essas coisas afetarão suas próprias e mesquinhas vantagens pessoais. Você agora vai:

- Ter uma visão geral da história.

- Conhecer todos os detalhes.
- Escrever o roteiro.
- Dirigir o filme.
- Produzir o filme.
- Deixar de ser um simples figurante.

Acredito que estas regras podem ensiná-lo a ser um indivíduo, a pensar por si mesmo, a se desenvolver por conta própria. Se já soubesse fazer tudo isso, não ia precisar destas regras. Mas você ainda tem muito a aprender. Você vai ver.

> "Você vai começar a pensar mais como um chefe e menos como um trabalhador."

REGRA 7.5

TRATE DAS QUESTÕES E DOS PROBLEMAS DA EMPRESA

Acabamos de ver como é importante considerar as coisas do ponto de vista da companhia e do nosso. Mas você tem de ser mais radical ainda e tratar apenas das questões e dos problemas corporativos, mesmo quando está falando consigo mesmo ou com seus colegas de trabalho mais próximos. Você precisa convencê-los de que já é o chefe – *regra 7.9*.

Eu me lembro de quando escrevi meu primeiro livro e, naturalmente, fiquei preocupadíssimo com os mínimos detalhes – a capa estava bonita, transmitia a mensagem certa, estava sendo produzida com qualidade? O gerente de marketing, saturado com meus intermináveis e aborrecidos telefonemas, finalmente me respondeu: "Cada livro é um produto que é colocado em uma prateleira e vai ou não ser vendido, dependendo de fatores sobre os quais o escritor não tem o menor controle, tais como a exposição nas livrarias, os títulos da concorrência colocados ao lado dele, os descontos que o livreiro resolve oferecer e assim por diante."

A minha tarefa era entregar um bom livro e então trabalhar para promovê-lo e ajudá-lo a se diferenciar da concorrência.

Quando os problemas surgem, é fácil ver as coisas do seu próprio ponto de vista – como irão afetá-lo diretamente. Mas, quando você der o salto à frente e adotar o discurso corporativo, será mais fácil encarar os problemas do ponto de vista da empresa. O que não significa em absoluto que você deva agir como uma marionete, sem pensar. Você tem todo o direito de ser honesto e expressar sua opinião. Se acha que alguma coisa está errada, diga isso. Mas aborde a questão do ponto de vista da companhia e não do seu.

E, se a empresa sugerir a implantação de um novo procedimento, pense imediatamente na maneira como isso irá afetar os seus clientes e não você.

> "Se a empresa sugerir a implantação de um novo procedimento, pense imediatamente na maneira como isso irá afetar os seus clientes e não você."

R E G R A 7.6

DIGA "NÓS" EM VEZ DE "EU"

Certa vez, tive um gerente que perguntou a todos da equipe para quem nós trabalhávamos. Nós dissemos que trabalhávamos para:

- nós mesmos;
- nossa família;
- nossa conta bancária;
- nossa auto-estima;
- nosso chefe;
- a gerência;
- a diretoria;
- os clientes da empresa;
- a receita federal;
- o governo.

Ele disse um "não" delicado a todas essas respostas e nos explicou que trabalhávamos realmente para os acionistas da companhia. E é exatamente isso. É para eles que você trabalha. Se sua empresa tiver ações no mercado, saia agora mesmo e vá comprar algumas. A partir de agora, você está realmente trabalhando para si mesmo. Pode começar a dizer "nós" e "conosco" em vez de "eu" e "comigo".

Agora que você é um acionista, sempre que tiver de falar sobre os procedimentos da companhia, pode pensar de que maneira eles vão afetar a nós, os acionistas – e não a eles, os funcionários (entre os quais você estava incluído, até bem pouco tempo). Mesmo que você ainda não seja um acionista ou não possa vir a ser, deve pensar como um.

Em reuniões da empresa, será muito mais sensato (e satisfatório) dizer "nós" em vez de "eu". Confira estes dois exemplos:

"Se vamos implementar este novo procedimento, precisamos avaliar a reação dos funcionários primeiro." (Em vez de: "Eu acho que isso é uma porcaria.")

"Deveríamos dar prioridade ao planejamento da exposição." (Em vez de: "Estou apavorado. Essa droga de exposição vai ser daqui a duas semanas e ainda não fiz nada!")

"Em reuniões da empresa, será muito mais sensato (e satisfatório) dizer 'nós' em vez de 'eu'."

R E G R A 7.7

CAMINHE DE ACORDO COM SUAS PRETENSÕES

Agora você deve reunir tudo isso em um único pacote – tem de caminhar de acordo com suas pretensões. Você precisa se tornar seja lá quem for que aspira ser. Isso não é imitação, é treinamento. Se você não puder caminhar de acordo com suas pretensões, então não pode realizar a tarefa.

Lembre-se, no entanto, do que dissemos logo de início: você tem de ser capaz de fazer o trabalho – e muito bem. Isso é indiscutível. Se você não tiver condições de cumprir os requisitos de seu novo emprego, é melhor sair de cena.

Estas regras não se destinam aos vigaristas nem aos pretensiosos, mas às pessoas realmente trabalhadoras, talentosas, engenhosas, que estão preparadas para dar o máximo de si.

Primeiro analise o trabalho que você deseja. Quem ocupa essa função agora? Pense que o titular desse cargo está fazendo o *seu* trabalho. Como é que ele ou ela está administrando suas tarefas? Aprenda a avaliar os seus superiores da mesma forma que eles o avaliam. Não fique se queixando ou reclamando da maneira como seu chefe cumpre suas obrigações – ao contrário, observe os erros dele e aprenda com eles. Onde foi que ele errou? Prometa não cometer nunca os mesmos erros. Por outro lado, o que ele fez maravilhosamente bem? Comece a praticar essas manobras habilidosas desde agora.

Se você quer alcançar seus objetivos, terá de adquirir os hábitos e maneirismos certos, se vestir de maneira adequada, falar e agir de forma correta, dar respostas apropriadas e ter a postura esperada para o cargo. Mas você só vai conseguir tudo isso se seguir um plano de quatro pontos, que tem como base:

- observação;
- aprendizado;
- prática;
- incorporação.

Caso você esteja preparado para dar esses quatro passos, o céu será o limite. É claro que você também terá de fazer tudo isso sem que ninguém fique sabendo – ao mesmo tempo que realiza todas as tarefas normais do seu trabalho.

"Você precisa se tornar seja lá quem for que aspira ser."

REGRA 7.8

PASSE MAIS TEMPO COM SEUS SUPERIORES

Não importa em que estágio da carreira você se encontra neste momento, é sempre valioso ter contato com seus superiores, os gerentes, os diretores, o presidente da empresa. Mas você precisa agir discretamente. Se chamar atenção para si mesmo, será encarado como um intrometido, um espião, um penetra, um invasor. Lembre-se de que, quando era criança, você conseguia participar das festas do seu irmão adolescente ou mesmo de seus pais, desde que ficasse bem quietinho e ninguém percebesse que você estava lá. Mas, se alguém notasse sua presença, você era levado para a cama – o lugar em que deveria estar àquela hora da noite. É exatamente assim que funciona quando você é um colaborador júnior. Você pode ficar por perto para aprender alguma coisa, mas não chame atenção, caso contrário será "mandado para a cama".

Quando eu estava engatinhando na minha profissão, percebi que os integrantes da equipe que ocupavam uma posição mais alta na empresa costumavam ficar, depois das reuniões, discutindo os assuntos que haviam sido tratados. Os subordinados iam embora bem depressa, deixando os figurões conversarem à vontade. Descobri que, se ficasse na sala fingindo que estava arrumando a mesa ou esvaziando os cinzeiros (naquela época se fumava), conseguia escutar conversas interessantes e, eventualmente, até podia ser consultado: "Richard, você vai trabalhar com os novos procedimentos de preenchimento das faturas. O que está achando da mudança?" Era a minha chance de brilhar.

Estraguei tudo, é claro: gaguejei, fiquei vermelho e mostrei que era um inútil. Na vez seguinte eu já estava preparado e soube me portar bem melhor.

Até que chegou o momento em que eu consegui responder às perguntas com coerência, confiança e maturidade. Coincidência ou não, pouco depois comecei a subir com rapidez os degraus das promoções. Nessa época eu trabalhava numa companhia bem à moda antiga, em que o plano de cargos e salários era muito rígido. Pois me permitiram pular etapas e furar esse sistema, o que só pode ter sido possível em decorrência desse contato com os chefões.

Algumas vezes, você vai ver um dos chefes sentado sozinho durante o almoço ou em alguma ocasião social. Os "trabalhadores", em sua maioria, não têm coragem de se aproximar e iniciar uma conversa, ou então estão tão envolvidos com sua própria turma que nem cogitam falar com ele. Deixe disso. Vá até lá e comece a bater papo. Você se espantaria em saber como os chefes ficam satisfeitos quando um colaborador se aproxima deles, porque também são humanos e se sentem isolados, solitários, ignorados e esquecidos. Ficam até muito animados para conversar um pouco, desde que você não procure tirar vantagem da situação para pedir um aumento de salário, um dia de folga ou férias antecipadas. Mas não há problema algum em falar sobre experiência profissional: "Como foi que entrou na área de marketing, Sra. Viviane?"

Você poderá conseguir pistas e dicas muito úteis e já estará se preparando para aplicar a próxima regra: fazer com que as pessoas pensem que você já foi promovido.

REGRA 7.9

FAÇA COM QUE AS PESSOAS PENSEM QUE VOCÊ JÁ FOI PROMOVIDO

Comece a agir como gerente geral e as pessoas vão aceitá-lo como se você já fosse um. Comporte-se como auxiliar e é isso que os outros vão pensar que você é. Muito bem, mas como fazer todo mundo acreditar que você foi promovido?

- Demonstre confiança, firmeza e maturidade: "Sim, é claro que podemos fazer isso. Vou cuidar para que o trabalho seja iniciado imediatamente."
- Se você for trabalhar usando tênis e moletom, não vai ser tão respeitado como seria se estivesse vestindo um terno elegante e de fato parecesse um gerente geral.
- Em vez de começar suas frases usando "eu" e só se preocupar com o modo como os problemas o afetam pessoalmente – "Eu não vou trabalhar na hora do almoço. Tenho direito a uma hora de folga" –, use o pronome "nós" e encare as coisas do ponto de vista da empresa – "Nós precisamos fazer um esforço conjunto. Estou disposto a trabalhar na hora do almoço para resolver este problema."
- Se você começar a falar sobre o que pretende fazer nas férias ou no fim de semana, dará a impressão de ter menos preocupações – e, portanto, de estar numa posição de menor importância que envolve menos responsabilidade – do que se conversasse sobre os assuntos da companhia. Trate dos planos futuros do departamento, discuta como o aumento

da taxa de juros irá afetar os negócios ao longo dos próximos meses e diga o que você pretende fazer com relação à flutuação das taxas de câmbio.

Você precisa convencer as pessoas de que é um peso pesado e não um peso leve. Adote um comportamento sério, maduro, ponderado e adulto. Isso não quer dizer que você tem de se tornar um nerd, um metido, um puxa-saco ou um chato. Você pode rir de uma piada, ser jovial, alegre, divertido e cheio de energia. Deve projetar a imagem de uma pessoa madura mas capaz de se distrair. Os outros devem vê-lo como alguém que:

- Conhece seu trabalho.
- Tem experiência.
- Age com seriedade.
- É confiável e responsável.
- Só fala a verdade.
- É perfeito para o cargo que deseja ocupar.

Portanto, comece a andar calmamente pelos corredores, parecendo suave e ponderado, mostrando-se elegante e adulto; fale as coisas apropriadas no momento certo e se prepare para ser convidado para o cargo que você já está pronto para exercer.

REGRA 7.10

PREPARE-SE PARA O PASSO DEPOIS DO PRÓXIMO PASSO

Sinto muito, mas você não pode se dar ao luxo de passear tranqüilamente. Agora que entrou na roda, não pode mais sair. Tudo bem, você está de olho na próxima etapa, no próximo cargo. Ótimo, excelente. Mas, e depois disso? Qual é sua próxima etapa, seu próximo alvo?

Antes mesmo que você receba sua próxima promoção, já deve estar praticando para a etapa seguinte. Se você não começar a se preparar agora, quando é que vai fazer isso? Sempre pode surgir a oportunidade de pular um degrau, de ser promovido diretamente para a posição que vem depois, se você souber jogar as cartas corretamente. Não estou sugerindo que esse deve ser o seu objetivo sempre, mas você precisa estar preparado para o caso de surgir uma chance.

É claro que você já formulou seus planos para o longo e o curto prazo – *regra 3* –, traçou o rumo de sua carreira e definiu as escalas em que deve aportar ao longo dessa jornada. Neste exato momento, você está fazendo o possível para que as pessoas pensem que já foi promovido à próxima etapa, porém não há mal algum em já começar a praticar para o degrau acima desse.

Ser visto como alguém que tem condições de fazer parte do alto escalão é essencial para a sua carreira. Se você agir como um burro de carga ou um pau-mandado, vai permanecer para sempre no mesmo posto.

Olhe ao redor do escritório. Você é capaz de localizar os burros de carga e os paus-mandados? As formigas operárias? Os que arrastam os pés e os que carregam os fardos mais pesados? Agora, olhe de novo e localize os que voam mais alto, os pesos pesados, os que conseguem o que querem. Percebeu a diferença? Já sabe o que tem de fazer?

Seja lá qual for a etapa para a qual estiver se preparando, nunca faça nada que não seja verdadeiro, real e valioso.

Uma vez trabalhei com um jovem ambicioso que demonstrava já estar caminhando para a próxima etapa. Ele começou a se vestir melhor e a carregar uma pasta de executivo, coisa que nenhum de nós fazia. Só que, um dia, a pasta se abriu acidentalmente e o mundo inteiro descobriu seu conteúdo: sanduíches, o jornal e um molho de chaves. Foi humilhante para ele e embaraçoso para nós. Portanto, não carregue uma pasta, a menos que ela esteja recheada de papéis de trabalho, para evitar que algo parecido aconteça com você.

REGRA 8

TORNE-SE UM DIPLOMATA

Os jogadores que seguem as regras com mais habilidade sobem rapidamente a escada corporativa porque são diplomatas. Não provocam brigas, evitam que aconteçam. Não ficam sentados em cima dos problemas, resolvem o que têm de resolver. Espalham a calma ao seu redor, fazendo com que os outros se voltem para eles em busca de conselho e inspiração. Você também será um diplomata. Você se tornará conhecido por sua avaliação objetiva de qualquer situação, por sua atitude imparcial e pela maneira justa como trata todos os demais.

R E G R A 8.1

FAÇA PERGUNTAS NOS MOMENTOS DE CONFLITO

Você está numa reunião e o clima está esquentando. Seu chefe não está conseguindo conter os ânimos, e Sergio e Rachel estão prestes a cortar a garganta um do outro. O que você deve fazer? Faça perguntas. Para acalmar a situação, tente desviar a atenção dos dois para algum detalhe. Você não tem de apartar a briga – isso não é tarefa sua. Mas pode bancar o diplomata e ganhar o respeito de seus colegas.

Vire-se para Sergio e pergunte: "Por que você está tão convencido de que seu departamento não vai conseguir trabalhar com esse novo tipo de fatura?" Se Rachel tentar levar a briga adiante, diga apenas: "Calma, Rachel, vamos escutar o que ele tem a dizer." Você deixou bem claro que não está tomando o partido de nenhum dos dois, só quer esclarecer a situação. Escute Sergio até que ele termine e então dirija-se novamente a Rachel: "Por que você tem tanta certeza de que Sergio está errado?" Com isso, você acabou de assumir o controle da situação, uma atitude inteligente e diplomática.

Fazer perguntas ajuda a esfriar situações potencialmente explosivas. Basta fazer uma pergunta simples a um dos envolvidos na briga. Mas nada de descambar para o besteirol psicológico do tipo "Por que você se sente dessa maneira?" ou "Você deseja compartilhar sua raiva conosco?". Em vez disso, faça com que os adversários se concentrem em um determinado aspecto que precisa ser esclarecido. Eles vão ter de interromper o olho no olho com seus oponentes, virar para você e pensar no que vão responder.

Evite fazer isso se o rosto de um dos protagonistas estiver pálido como se todo o seu sangue tivesse sido drenado – um rosto branco de cólera significa que a pessoa está com vontade de bater em alguém, enquanto um rosto vermelho indica apenas vontade de ofender e gritar. Também evite se meter se você estiver envolvido pessoalmente na discussão ou se a pessoa que preside a reunião estiver lidando com a situação com eficiência – obviamente, se ela deixou a briga começar, sua atuação não era satisfatória, mas se estiver fazendo um esforço para contornar a crise, pode se ressentir de sua intrusão.

REGRA 8.2

NÃO TOME PARTIDO

Se você tomar partido, vai estar participando da discussão, da briga, da disputa, da discordância. Você precisa manter sua objetividade e sua imparcialidade. Fique em cima do muro, não importa o que aconteça. Senão, um dos lados vai passar a culpar tanto você quanto a pessoa com quem vinha discutindo originalmente. Qualquer que seja o motivo da discussão, *você* precisa:

- Ter uma visão de longo prazo.
- Encarar o problema do ponto de vista da empresa.
- Ser imparcial.
- Permanecer calmo.
- Ser diplomático.
- Não tomar partido.
- Manter sua independência.

Quanto mais distanciado você parecer, maior a impressão de autoridade que irá transmitir. Se você colocar as luvas e entrar no ringue, corre o risco de fazer pelo menos um inimigo, além de ganhar a fama de ser cabeça quente.

A maior dificuldade é quando um amigo está envolvido em uma disputa com um outro colega bem menos chegado a você. Seu amigo provavelmente se virará em sua direção e tentará arrastá-lo para a discussão: "Pelo amor de Deus, diga a ela que eu estou certo, Richard."

Você não pode cair nessa armadilha de jeito nenhum. Levante as mãos, como se estivesse se defendendo de um golpe, e diga:

"Ah, não me metam nisso! Se vocês não conseguirem resolver esse negócio como dois adultos e não pararem de brigar, vou ter de colocá-los de castigo!" Assim você consegue:

- Fazer uma brincadeira e diminuir a tensão entre os dois.
- Demonstrar que tem mais autoridade que qualquer um deles.
- Não se envolver na disputa.
- Não tomar partido.

"Fique em cima do muro, não importa o que aconteça. Senão, um dos lados vai passar a culpar tanto você quanto a pessoa com quem vinha discutindo originalmente."

REGRA 8.3

SAIBA QUANDO GUARDAR SUA OPINIÃO PARA SI MESMO

É muito fácil ter opinião. O difícil é saber quando você deve guardar sua opinião para si mesmo e quando deve manifestá-la. As pessoas, em geral, não sabem se calar porque pensam que sua opinião:

- Interessa aos outros.
- É importante.
- Pode melhorar a situação.
- Vai fazer com que elas pareçam inteligentes, espertas e eficientes.
- Vai lhes trazer aprovação, amor e atenção.

E, naturalmente, essas são as razões erradas para se emitir uma opinião. Você só deve dar sua opinião quando lhe perguntarem o que você pensa. Nesse caso, diga o que acha. Mas, se ninguém lhe perguntar nada, fique na sua.

De fato, sua opinião deve ser praticamente arrancada de você. O que você tem a dizer é importante. Você não sai por aí dando palpites nem fala a primeira coisa que lhe vem à cabeça. Portanto, você deve:

- Ter uma opinião formada para quando lhe abordarem.
- Aprender a expressar sua opinião com clareza, precisão e exatidão.

- Sempre dar a entender que sua opinião não é apenas o que você acha, mas a solução real que será implementada.

A melhor maneira de fazer com que sua opinião pareça menos uma opinião e mais uma declaração baseada em fatos reais é expressá-la como um fato. Portanto evite dizer:

- Eu penso que...
- Eu acho que...
- Na minha opinião...

"Você só deve dar sua opinião quando lhe perguntarem o que você pensa."

REGRA 8.4

SEJA CONCILIADOR

O clima está tenso no escritório e seus colegas andaram se desentendendo. Felizmente você não se envolveu na disputa e a briga não tem nada a ver com você. Não importa. Faça o que estiver ao seu alcance para acalmar os ânimos:

- Traga um copo d'água para cada um.
- Afague os egos.
- Desanuvie o ambiente.
- Abra uma janela para entrar ar fresco.
- Faça com que os oponentes apertem as mãos (ou se abracem e façam as pazes).

Se o clima esquentou porque seu chefe repreendeu um subalterno, conforte-o, faça o possível para alegrá-lo, acalmá-lo, fazê-lo sorrir, qualquer coisa do gênero. O chefe deve ser tratado de modo diferente. A melhor maneira é um ato de conciliação silencioso, mas reprovador: traga um cafezinho e não diga nada. Você está indicando que não aprova o que aconteceu – e que, de fato, é superior aos dois, porque não cometeria o mesmo erro. Também está demonstrando que não tem medo de seu chefe, nem da raiva dele, nem de qualquer outra coisa. Apenas mantenha-se em silêncio.

Se você agir da maneira certa, seu chefe será obrigado a lhe perguntar o que você achou do incidente, da maneira como ele estourou, gritou ou repreendeu alguém. Simplesmente diga: "Mas não cabe a mim falar sobre isso, não é mesmo?" Invariavelmente, ele responderá: "Eu gostaria de saber a sua opinião" ou "Tudo bem, diga o que pensa". Não importa o que aconteça, ele está na sua mão.

Agora sim, você pode ser conciliador e bancar o diplomata. Simplesmente diga: "Eu acho que a situação é delicada. Martha realmente abusou da sua paciência e precisava ser posta em seu lugar." Nunca, não importa o que você pensar, critique diretamente a maneira como seu chefe agiu. Deixe que ele perceba sua desaprovação, mas jamais admita isso claramente.

Seu papel não é fazer onda, mas saber tirar proveito dela. Surfe a onda até o topo mostrando-se conciliador. Se agir assim, fará amigos, reconciliará os lados opostos e obterá o respeito dos adversários.

Ser conciliador é parecido com acabar com uma briga entre crianças. Você não está interessado em saber quem começou a confusão nem por quê. Você não dá a mínima para os detalhes de quem beliscou quem ou quem mordeu primeiro. Tudo o que você deseja é restaurar a paz, fazer com que apertem as mãos e se tornem amigos de novo. Em seu trabalho, é só isso que você quer também. Use as mesmas técnicas que empregaria para conseguir que dois garotinhos fizessem as pazes.

REGRA 8.5

NUNCA PERCA A PACIÊNCIA

Não importa se o Pedro do marketing é insuportável, se a Sandra do departamento de pesquisa e desenvolvimento vive dando em cima de você, ou mesmo se o pessoal da contabilidade acaba de aprontar mais uma – você não vai se descontrolar, sejam quais forem as circunstâncias. Nunca perca a esportiva. Nunca.

A não ser, é claro, que sua raiva seja totalmente fingida, somente para causar um efeito dramático. Nesse caso, é permitido agir assim. Mas você precisa ter muito cuidado para escolher o momento certo, a ocasião adequada e a pessoa indicada para platéia.

Mas, se não estiver fingindo, não se descontrole. Repito: não importa até que ponto eles o deixaram zangado, nem quanto sejam chatos ou qualquer outra justificativa que você pense ter. Perder a paciência significa perder o controle. E se existe uma coisa que um bom jogador precisa ter o tempo todo é controle.

Então como se aprende a ser calmo e bem comportado? Fácil, fácil: olhe para o teto. Estou falando sério. Você só perde a paciência quando está envolvido, quando se importa, quando é parte do problema. Se mudar seu foco para questões mais importantes – isso mesmo, se pensar no bem da companhia –, será mais fácil enxergar o que o está aborrecendo sob uma nova luz.

Outro recurso é simplesmente sair do escritório, da reunião ou seja lá onde você estiver. Apenas diga: "Considero esta situação intolerável." E vá embora. Isso causa um grande choque e, em geral, resolve o problema.

Ou então tente contar até 10 enquanto segura uma das mãos com a outra.

Não perder a paciência não significa deixar de expressar suas emoções. Você tem todo o direito de dizer: "Estou extremamente chateado que tenham perdido as faturas/que tenham tratado mal outro cliente importante/que estejam estacionando na vaga do médico da firma/que tenham roubado o dinheiro da caixinha."

É correto recusar-se a aceitar chantagem emocional, intimidação, arrogância excessiva ou mesmo lamúrias. Mas não é correto engolir tudo e ficar quieto. Quando se sentir agredido, você deve falar imediatamente. Não deixe as coisas crescerem, porque você pode explodir se a pressão subir demais. Vá liberando sua raiva aos poucos e você nunca chegará às vias de fato.

REGRA 8.6

NUNCA LEVE AS COISAS PARA O LADO PESSOAL

É a maneira como as pessoas se comportam que está errada, é irritante ou prejudicial à empresa. Nunca são as pessoas. E essas coisas não perturbam você, apenas vão contra os interesses do departamento ou da companhia. Ou seja, jamais leve as coisas para o lado pessoal.

Você pode criticar:

- a maneira como os outros realizam seu trabalho;
- seus horários, suas atitudes;
- suas motivações;
- suas habilidades de comunicação;
- seus objetivos de longo prazo;
- seu enfoque;
- seu conhecimento dos procedimentos do escritório;
- sua avaliação sobre as políticas corporativas;
- suas habilidades de relacionamento;
- sua produtividade.

Mas você *nunca* pode dizer a uma pessoa que ela é um filha-da-mãe vagabunda, ignorante, imprestável, mentirosa, ladra e encrenqueira. Jamais. Diga-lhe que ela necessita de novo treinamento, de reeducação, redirecionamento, relocação e motivação, mas nunca o que você de fato pensa dela. Se levar as coisas para o lado pessoal, na pior das hipóteses, você será demitido; na melhor, vai perder o respeito e seus amigos.

Siga exatamente a mesma regra com seu chefe. Você pode achar que ele é inútil, incompetente, corrupto e estúpido. Mas você pode dizer isso? Não, é claro que não. Nem mesmo para os colegas mais íntimos. Lembra-se de que falamos que você sempre deveria defender os subalternos, os mais jovens, os excluídos ou qualquer um de quem todos os demais estivessem com raiva? Bem, com seu chefe é a mesma coisa. Você vai sempre defender seu chefe – não importa o que aconteça. E nunca leve as coisas que ele faz para o lado pessoal.

"Se levar as coisas para o lado pessoal, na pior das hipóteses, você será demitido; na melhor, vai perder o respeito e seus amigos."

REGRA 8.7

SAIBA COMO LIDAR COM A RAIVA DOS OUTROS

Haverá ocasiões em que será você que irá aborrecer os outros. Na verdade, se jogar dentro das regras, isso bastará para que eles fiquem profundamente irritados, mesmo que não façam a menor idéia do seu jogo. À medida que você se destaca, começa a se vestir bem e a ficar na sua, seus colegas podem se juntar contra você e até querer lhe passar uma rasteira. Como é que você dilui a raiva que está provocando neles?

Primeiro, precisa entender que há dois tipos de raiva:

- a raiva justificada;
- a raiva tática.

A raiva justificada é exatamente o que o nome indica. Você não estava olhando e passou com o pneu de seu carro sobre o pé de alguém. A raiva que essa pessoa sente é perfeitamente justificável. O que você faz então? Você desce do automóvel e se desculpa. Diz, sinceramente, que sente muito. Não nega que a culpa foi sua. Não diz à vítima que não foi nada, que ela está exagerando e que certa vez quase lhe arrancaram a perna e você não se aborreceu. Não tenta explicar por que você não estava prestando atenção.

A raiva justificada precisa de reparação. Se você fez alguma coisa errada, ouça o que o outro está dizendo. Foi você que o deixou com raiva. Escute ele lhe dizer o que você fez de errado.

E depois se desculpe e arranje uma forma de consertar as coisas. Mostre à pessoa que você simpatiza com ela. Talvez você não seja capaz de dar o que ela quer, mas sempre pode se mostrar solidário. Não ignore o que ela está sentindo – porque o ressentimento dela é justificado.

A raiva tática, entretanto, é uma coisa inteiramente diferente. Ela se destina a forçá-lo a fazer coisas que você não quer. As pessoas perdem a paciência de propósito, para tentar intimidá-lo. A pior coisa que você pode fazer é deixar que elas ganhem. Se você deixar uma vez, elas vão continuar fazendo isso não só com você mas também com os outros. Você tem de pôr um ponto final nessa situação imediatamente. E a maneira de cortar o mal pela raiz é dizer: "Eu não gosto que gritem comigo/que me ameacem/que tentem me intimidar e vou embora daqui agora mesmo, se você não parar/não se acalmar/não baixar os punhos/não largar o meu pescoço." Ou qualquer coisa do gênero.

Se a pessoa insistir, simplesmente vá embora. Basta isso. Não diga mais nada, apenas saia. Faça isso sempre e todos entenderão a mensagem.

REGRA 8.8

DEFENDA SEUS DIREITOS

Ninguém tem o direito de persegui-lo, ameaçá-lo, gritar com você, bater em você, intimidá-lo, assustá-lo, ridicularizá-lo ou atormentá-lo. Você é um colaborador. Se você não estiver fazendo seu trabalho da maneira adequada, deve ser chamado para conversar num lugar discreto, onde seus erros serão apontados calma e racionalmente. Qualquer outra coisa é abuso.

As regras lhe dão permissão para dizer, também calma e racionalmente, a quem quer que esteja cometendo o abuso que pare, caso contrário você recorrerá aos meios legais para fazê-lo parar. Você tem de saber defender seus direitos.

Se só estiverem implicando um pouco – como acontece com todo mundo de vez em quando –, você não pode se demitir e processar a empresa por tratamento injusto. Se seu chefe perder a calma com você ocasionalmente – do mesmo jeito que faz com os outros membros da equipe –, você não pode apelar para a Justiça a fim de que ele seja punido, mesmo que esteja exorbitando de sua autoridade. Se um colega disser que vai lhe dar uns tapas se você pegar de novo o furador de papel dele sem pedir, você não pode esperar que um juiz se interesse pelo seu caso. Nós estamos falando aqui de um abuso de poder real, não do tipo de brincadeira pesada que se pode esperar ao longo da vida profissional.

Defender seus direitos implica adotar padrões, traçar uma linha na areia e dizer: "Estou disposto a agüentar até aqui, mas não além desse ponto" ou "Eu vou permitir isso, mas não aquilo".

Também significa agir com firmeza, afirmando com segurança os limites que determinou:

- "Ninguém fala comigo deste jeito."
- "Estou me sentindo ameaçado, portanto vou sair desta sala agora mesmo."
- "Eu não gosto de ser desrespeitado desta maneira e vou ter de relatar este incidente ao presidente do conselho/ao sindicato/à Polícia/à Justiça."

Se alguém o atormentar, intimidar ou perseguir, adote a técnica do disco quebrado: "Eu não gosto de ser tratado deste jeito. Eu não gosto de ser tratado deste jeito. Eu não gosto de ser tratado deste jeito." Não perca a paciência, ou a pessoa vai achar que "ganhou". Simplesmente vá embora.

R E G R A 8.9

SEJA OBJETIVO A RESPEITO DA SITUAÇÃO

Se você estiver se sentindo desprezado, atormentado ou perseguido em seu emprego, tem diversas opções:

- Pedir demissão.
- Queixar-se a um superior.
- Ficar com raiva e explodir.
- Ficar quieto e não dizer nada.
- Lidar com a situação de forma objetiva.

A escolha é toda sua. Porém, antes de reagir, pense em seu plano de longo prazo. Como uma alegação de que foi despedido injustamente vai afetar seu currículo? Não estou dizendo que você deve tolerar qualquer abuso para que sua carreira não seja prejudicada. Não estou defendendo isso, em absoluto. O que eu quero dizer é que você deve enfrentar a situação de maneira objetiva.

Certa vez, um de meus chefes me expôs ao ridículo – de fato, me humilhou o máximo que pôde. Esse sujeito achava que podia me chutar à vontade quando lhe desse na telha – curiosamente, isso acontecia sempre que ele bebia demais na hora do almoço. Eu ainda estava no início da carreira e tinha poucas alternativas – ou pedia demissão ou passava por cima dele e apresentava queixa. Mas o superior imediato dele era seu melhor amigo. Se me atrevesse a reclamar, o demitido seria eu. Por outro lado, eu precisava do emprego e não queria me demitir. Tive de ser bastante ardiloso e paciente, mas acabei conseguindo que ele me destratasse – me ridicularizasse, usasse linguagem ofensiva, coisas desse tipo – na frente de um dos nossos principais clientes.

Meu chefe não sabia que ele estava ali, mas o cliente ficou furioso. Ele repreendeu meu gerente em termos absolutamente claros. Disse-lhe que devia se envergonhar de tratar um subordinado daquela forma. Passou-lhe uma descompostura completa e falou que não hesitaria em ir ao presidente ou mesmo cancelar o contrato com nossa empresa se soubesse que aquele tipo de coisa estava se repetindo. Acontece que os negócios com esse cliente representavam cerca de 70% da nossa receita.

É claro que meu chefe teve de me pedir desculpas diante do cliente. E nunca mais me tratou mal. Eu senti que tinha agido com objetividade. Fiquei esperando um contra-ataque, mas ele nunca mais voltou suas baterias contra mim. Depois de algum tempo começou a aprontar com outro subalterno, até que um dia foi demitido. Quando ele foi embora, fiquei abanando para ele, com um sorriso feliz nos lábios e uma piscadela.

"A escolha será inteiramente sua. Porém, antes de reagir, pense em seu plano de longo prazo."

REGRA 8.10

COLOQUE AS COISAS EM PERSPECTIVA

Depois de pesar todos os prós e contras, você deve ter em mente que isso é só um trabalho. Não é sua saúde, sua vida amorosa, sua família, sua vida pessoal nem sua alma. A propósito, se o seu emprego tem o mesmo peso que uma dessas coisas, então você se perdeu em algum lugar da estrada.

Seu trabalho é apenas um trabalho. Sim, eu sei que você precisa de dinheiro, etc., etc. Mas é só um emprego, e existem outros.

O simples fato de que você passou por um dia ruim no serviço não deve fazer com que você:

- Perca o sono.
- Perca o apetite.
- Perca o impulso sexual.
- Fume mais.
- Beba mais.
- Consuma drogas.
- Fique irritado.
- Fique deprimido.
- Fique estressado.

Mas você se surpreenderia se soubesse com que freqüência isso acontece com pessoas que tiveram um péssimo dia no trabalho. Sim, pode até ser que tenham tido uma série de dias ruins. Mas, considerando um a um, é apenas *um* dia ruim. Você tem de aprender a se desligar, relaxar, não levar tudo muito a sério, aproveitar mais a vida, colocar as coisas em perspectiva.

Arranje um passatempo, organize sua vida pessoal. Você deve trabalhar para viver e não viver para trabalhar. Não leve serviço para casa – aprenda a ser firme e a dizer "não". Coloque sua família em primeiro lugar. Passe mais tempo com seus filhos – eles vão crescer tão depressa que você vai perder o precioso tempo da infância deles se ficar trabalhando o tempo todo enquanto eles são pequenos. Acredite em mim, vi meus filhos crescerem, e isso acontece tão depressa que chega a dar medo. Pode parecer demorado e exaustivo na ocasião, mas passa zunindo e depois que desaparece é simplesmente irrecuperável. Não deixe de participar da vida deles porque precisa preparar uma apresentação ou terminar um relatório no fim de semana ou assistir a outra conferência aborrecida depois do horário de trabalho.

"Você tem de aprender a se desligar, relaxar, não levar tudo muito a sério, aproveitar mais a vida, colocar as coisas em perspectiva."

R E G R A 9

CONHEÇA O SISTEMA E TIRE PROVEITO DELE

Se você pretende progredir dentro de uma empresa, é bom que conheça exatamente como ela funciona. A *regra 9* vai ensinar você a entender o sistema e a utilizá-lo a seu favor. Ao aplicá-la no seu dia-a-dia no trabalho, você levará vantagem até sobre os seus superiores, porque ficará conhecendo o sistema melhor do que eles.

REGRA 9.1

CONHEÇA AS REGRAS TÁCITAS DO SEU LOCAL DE TRABALHO

Existe uma grande quantidade de regras não escritas em toda empresa. Essas regras podem ser tão simples como quem "tem permissão" para usar determinado elevador ou banheiro e tão complexas como quem é o encarregado das chaves do cofre, do armário com o material de escritório, da sala da xerox, etc. Freqüentemente encontro pessoas realizando tarefas para as quais nunca foram designadas. Uma vez trabalhei num escritório em que uma tradutora era a responsável pela escala de férias. Por que, pelo amor de Deus?

As férias dos funcionários tinham de ser aprovadas, registradas e finalmente concedidas por ela. Mas por que ela? Não importava para quem eu perguntava, a resposta era sempre a mesma: os tradutores tradicionalmente eram encarregados de preparar a escala de férias. Era bizarro, sem sentido, realmente uma coisa de louco. Meu supervisor é que deveria aprovar minhas férias, mas acredito que ele achava ótimo que os tradutores tivessem tirado essa "carga" de seus ombros. Estranhíssimo.

Se você está em seu emprego há algum tempo, então já deve ter aprendido todas as regras escritas e não escritas. Se for um recém-chegado, ainda há um monte de coisas que precisa descobrir. Quando estiver familiarizado com as regras, o próximo passo será entender que utilidade elas têm para você. Esse conhecimento lhe permitirá tirar vantagem de diversas situações.

Trabalhei num escritório em que todas as manhãs o funcionário mais novo tinha de levar um cafezinho para o chefão junto com alguns documentos para ele assinar. A regra tácita era que esse subalterno deveria ficar parado esperando até que o chefão acabasse de tomar seu café tranqüilamente e assinasse os documentos. O subalterno "não tinha" de ficar parado ali aguardando, mas isso simplesmente era esperado dele. Eu era o tal subalterno. Por cerca de cinco minutos, todo dia, eu tinha a atenção exclusiva do chefe dos chefes. Era uma linha direta com Deus. É claro que me aproveitei da situação, como você já deve ter adivinhado.

Consegui, por exemplo, que meu chefe fosse transferido para outro departamento. Ele era muito impopular, mas eu discretamente mencionei ao todo-poderoso que meu chefe tinha certas habilidades que nunca havia revelado, mas que seriam muito úteis em outro departamento. Ele foi transferido.

> "Se você está em seu emprego há algum tempo, então já deve ter aprendido todas as regras escritas e não escritas. Se for um recém-chegado, ainda há um monte de coisas que precisa descobrir."

REGRA 9.2

SAIBA COMO CHAMAR OS OUTROS

Sim, você deve saber muito bem como se dirigir a seus colegas e superiores, mas isso não quer dizer que seja conveniente chamá-los assim. Fui assistente do Sr. Castro muitos anos atrás. Quando ele foi para outra companhia, me convidou para ir trabalhar com ele e ganhar um salário maior. Eu disse que sim, lógico.

Quando fui admitido na nova empresa, ele falou: "Gostaria que você me chamasse de Sr. Castro." De jeito nenhum, pensei com meus botões. Eu sempre o chamara de Roberto no outro emprego e ia continuar a chamá-lo assim. Mas tinha de esperar o momento certo. Na nova empresa havia vários assistentes e eles precisavam conhecer o novo chefe, o Sr. Castro. Era assim que eles o chamavam, porque era assim que ele queria. Eu esperei até que surgisse uma boa oportunidade, quando todos estávamos reunidos. Então me dirigi a ele simplesmente como Roberto.

Ele não se sentiu à vontade para me corrigir na frente de meus colegas e eles pensaram, aliás com toda a razão, que eu dispunha de acesso direto ao chefe. Roberto nunca mais mencionou aquela besteira de Sr. Castro e eu logo me tornei seu principal assistente. Que diferença faz um nome? Uma diferença enorme.

Você precisa saber que a Sra. Azevedo do financeiro sempre é chamada de Sra. Azevedo e nunca de Mariana. Mas, se você é o superior dela, por que não pode chamá-la diretamente de Mariana? Porque, além de não gostar disso, ela é responsável pelos pagamentos. Coisas estranhas aconteciam com as pessoas que inadvertidamente a chamavam de Mariana: seus pagamentos atrasavam, os cheques sumiam ou eram preenchidos errado...

Outra história curiosa que vivenciei envolvia um gerente administrativo conhecido como Cabeção. Bom, todos os funcionários mais antigos ou que ocupavam cargos mais altos o chamavam, cara a cara, de Cabeção. Como gerente financeiro, eu também podia tratá-lo pelo apelido. Esse direito só não era concedido aos subalternos, que deveriam chamá-lo de Sr. Molina. Ora, qual a razão desse estranho critério que determinava quem podia chamá-lo de Cabeção e quem não podia? Não faço a menor idéia.

Eu tinha um relacionamento esquisito com ele. Tecnicamente, ele era meu superior, mas apenas um pouquinho. Mas, naquela época, eu tinha sede de poder e queria controlar tudo. Eu não gostava dele e nunca o chamava pelo apelido. Para mim, ele era Sr. Molina. Por quê? Porque isso estabelecia uma divisão entre nós e me tornava diferente de todos os outros membros do alto escalão. Cabeção nunca conseguiu se aproximar de mim, nunca se tornou meu amigo. Eu me mantinha distante, na minha, e acabei sendo convidado para ocupar o cargo de gerente geral da companhia, portanto, acima dele. Sucesso? Claro que foi, mas me pareceu uma vitória vazia – eu não estava seguindo as regras do trabalho com tanta eficiência naquela época. Acabei saindo da empresa e fui em busca de novos desafios e novos horizontes.

REGRA 9.3

SAIBA QUANDO FICAR ATÉ TARDE E QUANDO CHEGAR CEDO

Existe uma regra tácita que estabelece o seguinte: se você pretende subir na carreira, deve trabalhar até mais tarde, porque todos os outros fazem isso. Os clones ficam até mais tarde. Os puxa-sacos ficam até mais tarde. As formigas operárias ficam até mais tarde. Os jogadores que seguem as regras vão para casa na hora que querem – invariavelmente antes de todos os outros.

A lógica é a mesma em relação à hora de chegada no escritório de manhã. Quem disse que você tem de chegar cedo? Ninguém. É outra dessas regras não escritas que precisamos conhecer para que possamos adaptá-las aos nossos próprios objetivos.

O importante é que os outros *pensem* que você trabalha tanto quanto eles. O objetivo do jogo é ser considerado igual a todo mundo – uma pessoa conformada com a situação, um clone, um bajulador –, quando, de fato, você não é. Afinal, você é muito melhor do que isso. Você cumpre suas tarefas em tempo recorde para não precisar ficar trabalhando até mais tarde.

Se você já assistiu a palestras motivacionais, deve ter percebido que os conferencistas sempre erguem a mão quando fazem uma pergunta a você ou a qualquer pessoa da platéia. Isso cria um padrão, e você, automaticamente, levanta a mão também. Que coisa mais boba, não é verdade? Pois é assim que funciona nos escritórios também. Basta que um funcionário vá embora num horário razoável para que todo mundo faça o mesmo em seguida. Permanecer no serviço porque você pensa que os demais vão ficar até mais tarde se tornou uma das pragas da vida profissional moderna. Todos pensamos que os outros estão nos vigiando, do mesmo modo que nós os observamos, para ver quem vai ser o primeiro a quebrar o tabu, a ir embora para casa, a se arriscar a ser repreendido pelo chefe.

Só que isso não passa de um mito. O primeiro a ir embora não vai perder nada. Só vai liberar o resto da equipe. O medo de perder alguma coisa é muito real. Mas, se nossas vidas são interessantes e cheias de entusiasmo, nós sabemos que os outros que ficaram para trás é que realmente estão perdendo alguma coisa.

As pessoas acham que sair cedo – ou seja, na hora certa, estabelecida por contrato – vai atrair uma atenção indevida sobre elas, fazer com que pareçam estar fugindo do trabalho ou deixando de cumprir suas obrigações. Mas, se demonstrarmos segurança ao sair, isso não acontecerá. Só seremos malvistos se fugirmos pela porta dos fundos, disfarçadamente, com o rabo entre as pernas. Portanto, dê boa-noite e diga: "O último a sair apague as luzes." Não acredito que seja justo nem vantajoso jogar na cara dos seus colegas que, se eles fossem mais eficientes, teriam terminado seu trabalho dentro do horário, como você. Mas não é proibido pensar isso.

REGRA 9.4

SAIBA A DIFERENÇA ENTRE TIRAR VANTAGEM E FAZER ALGO ILÍCITO

Algumas pessoas acham que não há nada de mal em levar para casa tudo o que não esteja aparafusado, mas você, naturalmente, não vai pegar nada. Por outro lado, você vai observar os outros e entender o limite entre benefício indireto e irregularidade.

Uma vez vi um departamento inteiro ser demitido porque o novo supervisor considerou que todos estavam cometendo fraude porque pirateavam os softwares usados na empresa e levavam cópias para casa. Todos tinham em casa as últimas versões do Windows, do Word e do Outlook Express, mas isso não serviu de nada quando tiveram de assinar o termo de demissão. O que eles fizeram era roubo? Pouco importa. Foram demitidos por causa disso. Se algum deles tivesse provado que nunca tinha feito as tais cópias, teria escapado. Se qualquer um deles conhecesse o rígido ponto de vista do novo supervisor sobre tirar vantagens indevidas da firma, todos poderiam ter sobrevivido.

Como vimos anteriormente, existem regras tácitas para regular a vida no ambiente de trabalho. Pode ser que na sua empresa todos estejam tão acostumados a levar coisas que você não seja bem-visto por ser o certinho da equipe. Cuidado para não ser rotulado e jogado para escanteio – faça parte da turma, mas nunca, em hipótese alguma, pegue ou roube nada da companhia.

Tome cuidado também com os telefonemas pessoais às custas da firma ou com as suas conexões na internet. É claro que isso não é a mesma coisa que levar material de escritório para casa, mas, de qualquer modo, é errado dar telefonemas particulares quando a firma não lhe dá autorização para isso. E, depois, há uma grande possibilidade de que tudo esteja sendo monitorado, de modo que o melhor é ter um comportamento exemplar em relação a essas questões.

Não importa se é parte da cultura do escritório falsificar o relatório de despesas. Você nunca vai fazer uma coisa dessas. Mas precisa estar ciente de que, se não fizer, vai chamar atenção dos outros. Seja honesto, coloque-se num patamar elevado, mas não denuncie seus colegas. Fazer o mesmo que os outros pode parecer o menor de dois males, mas você não pode apoiar esse tipo de atitude. O melhor é, desde o começo, deixar bem claro para seus colegas que eles podem fazer o que quiserem, mas que você não vai tomar parte em nenhuma irregularidade. Avise previamente; se eles insistirem em cometer atos ilícitos e a coisa estourar, não vão poder dizer que você os deixou na mão.

R E G R A 9.5

IDENTIFIQUE AS PESSOAS QUE REALMENTE TÊM IMPORTÂNCIA

Uma vez eu cometi um erro grave – já cometi muitos, mas esse é relevante e volta e meia eu me lembro dele. Na empresa em que eu trabalhava havia um encarregado da manutenção, Harry, responsável por trocar lâmpadas, consertar fios, arrumar conexões frouxas e dar um jeito nas cadeiras quebradas. Todos os departamentos anotavam no livro da manutenção suas solicitações e ele fazia o serviço à noite, depois do expediente comercial. A empresa tinha dois escritórios e eu ficava contrariado porque o encarregado passava muito mais tempo na outra filial. Eu nunca conseguia encontrá-lo quando precisava dele.

Minhas anotações no livro da manutenção começaram a ficar mais incisivas, mas aparentemente isso não serviu para nada. Eu tinha vontade de passar uma descompostura em Harry, mas nunca sabia onde ele estava. Não entendia por que ele fazia os reparos na outra filial, mas nunca na nossa. Eu achava isso intolerável e certa noite fui até o outro escritório. Lá estava Harry, tomando cafezinho com o chefão, meu diretor regional. Eu estava furioso e explodi: "Mas que diabo você pensa que está fazendo? Eu preciso que você faça a manutenção do outro escritório e, em vez disso, você fica sentado aqui, tomando café." Um erro terrível. De fato, uma seqüência de erros terríveis:

- Você não grita com um colaborador. Essa nunca é a maneira de abordar as pessoas, não importa a sua posição na empresa.

- Muito menos com alguém que está tomando café com o diretor regional.
- E principalmente sem antes verificar todos os fatos relevantes sobre os dois.
- Você deve fazer as coisas da maneira correta – usar os canais adequados e não ficar de tocaia à espera de um trabalhador errante.
- Você sempre *identifica as pessoas que são importantes* – nesse caso, Harry.

Por que Harry era importante? Porque ele era o sogro do diretor regional. Ele dispunha de uma força, um poder e uma influência com os quais eu só podia sonhar. Ele estava atendendo apenas o outro escritório porque seu genro falara que o trabalho ali era mais importante. Como eu disse, foi um erro terrível.

Já trabalhei em companhias onde o caixa, o motorista do supervisor e o contador tinham muita influência. Levei algum tempo até entender o poder dessas pessoas. Todas tinham uma relação próxima ou algum trunfo que lhes dava acesso a alguém do alto escalão. Descubra essas pessoas e trate de conhecê-las bem.

REGRA 9.6

GANHE A SIMPATIA DAS PESSOAS QUE REALMENTE TÊM IMPORTÂNCIA

Como você acha que ficou meu relacionamento com Harry depois que estourei com ele? O que já era ruim ficou ainda pior. Você acredita que ele ia trocar uma lâmpada sequer para mim? De jeito nenhum, nem agora nem nunca. Identificar as pessoas que têm importância e ganhar sua simpatia são coisas que, obviamente, andam lado a lado.

Conheci um auditor que era um verdadeiro dono da verdade. Tudo tinha de ser feito exatamente a seu modo. Mas esse homem tinha peso na companhia. Sua influência ia muito além de sua função de auditor. A diretoria se curvava diante dele, escutava atentamente o que ele dizia, buscava seus conselhos, jamais ousava contrariá-lo, vivia com medo dele.

Nunca consegui descobrir os motivos que o levaram a adquirir tamanho poder, mas eu tinha de trabalhar com o sujeito. Como eu era gerente financeiro, meu departamento estava constantemente sob seu crivo. Assim que percebi sua importância, tentei ficar do seu lado. Mas, até então, eu não tinha feito qualquer esforço nesse sentido. Na verdade, eu o havia aborrecido uma porção de vezes. Não tínhamos as mesmas opiniões. Ele era contador; eu, gerente de finanças – existe aí uma grande diferença. Minhas obrigações eram instalar sistemas de segurança, aumentar o fluxo de caixa, cortar custos e cumprir com perfeição todos os procedimentos fiscais. A função dele era controlar cada centavo.

Numa manhã de sábado, levei meus filhos a uma feirinha e acabei comprando um cachecol discreto e de cores sóbrias numa das barracas. Na segunda-feira, fui trabalhar com o tal cachecol e deparei com o auditor. "Ah! Eu não sabia que você tinha freqüentado a Universidade de Manchester. Muito bem", ele disse, seguindo seu caminho.

A princípio, não entendi nada, até que me dei conta de que aquele era o cachecol usado na Universidade de Manchester. O auditor tinha estudado lá (mas eu não) e, a partir de então, ele me aceitou como um dos seus, um camarada, um colega da velha universidade. Daí para a frente, nada que eu fazia era considerado errado.

Isso foi acidental. Só que, a partir de então, passei a provocar esse tipo de coincidência para conquistar a simpatia das pessoas que realmente têm importância dentro da empresa, aquelas que têm uma influência que não deveriam ter, um poder incompatível com sua posição ou função.

Existe um grupo de colaboradores que você sempre deve tratar com cuidado, pois eles costumam ter um prestígio inexplicável – são os motoristas, auditores, relações-públicas, funcionários de recursos humanos, pessoas que trabalham para a companhia há muito tempo, consultores externos, caixas, ex-funcionários e, é claro, o pessoal da manutenção!

REGRA 9.7

MANTENHA-SE INFORMADO SOBRE AS NOVAS TÉCNICAS DE ADMINISTRAÇÃO

Você não pode se dar ao luxo de ficar parado, de descansar depois dos louros da vitória, de se reclinar na cadeira e colocar os pés pro alto, enfim, de se acomodar. Enquanto você fica de papo pro ar, alguém está correndo e lhe passando à frente.

Você precisa se mexer, se atualizar, ficar a par das modernas técnicas de administração, conhecer as novas palavras de ordem, saber qual é a moda agora entre os executivos. Para continuar no topo, você tem de saber qual é o jargão corporativo que está sendo usado. Não adianta nada dizer "pessoal" quando todo mundo passou a usar "recursos humanos". Você vai ficar com cara de bobo se continuar falando em "logística" enquanto a diretoria agora se refere a "foco no cliente" ou algo assim. Não estou sugerindo que você tenha de adotar todas as novas técnicas, mas é bom que você as conheça – pode ser que alguém faça perguntas sobre o assunto – para permanecer à frente do grupo.

Com certeza, você vai escutar expressões fantásticas – benchmarking, círculo de qualidade, valor agregado, downsizing – que só servem para afirmar que "nós adoramos parecer modernos e avançados". Se você adotar certos jargões, procure usá-los sem parecer um idiota. Com certeza você deve saber exatamente o que cada uma dessas palavras significa.

Você deve conhecer todas as técnicas de gerenciamento mais recentes e como elas podem afetá-lo. Tente não parecer ultrapassado quando conversar com os mais jovens. Deveria haver um guia para o emprego da linguagem administrativa. Mas, como isso ainda não existe, você vai ter de incorporá-la em seu plano de jogo e encarar o quadro geral, porque é certo que no final do dia o foco já vai ser outro e seu jargão vai estar ultrapassado. Portanto, se não quer ser vítima do downsizing, introduza o benchmarking no seu vocabulário em busca da excelência e da qualidade total.

REGRA 9.8

SAIBA O QUE ACONTECE POR DEBAIXO DO PANO

Quando seu chefe disser que deseja melhorar as relações com os clientes e que todos os funcionários deveriam fazer um curso a fim de aprender como sorrir da maneira correta, não se iluda. Isso não tem nada a ver com os clientes. Provavelmente, está chegando a época da avaliação funcional de seu chefe e ele quer investir na própria imagem, aparentar iniciativa e motivação.

Desse modo, todos vocês vão se enfileirar, fazer o tal curso, tentar aprender as novas regras e praticar um sorriso na frente do espelho. Para quê? Seu chefe não dá a mínima se vocês estão sorrindo ou não para os clientes. Tudo o que ele deseja é brilhar em sua avaliação.

Esse tipo de coisa ocorre dentro das empresas muito mais do que gostamos de pensar. Certa vez eu me apresentei como voluntário para fazer um curso todas as segundas-feiras sobre elaboração de orçamento. Meu chefe achou que eu era interessado, motivado e entusiasmado. Bobagem. Eu queria era sair do escritório às segundas-feiras, porque esse era o dia em que tínhamos de arquivar documentos e eu odiava esse tipo de serviço. Voltar à faculdade me pareceu uma boa desculpa para escapar.

Questione os motivos de tudo e de todos. Isso não significa que você tenha de ficar paranóico. Não tem ninguém lá fora esperando para pegar você. Tudo o que você precisa fazer é detectar os motivos ocultos. Pode ser que não o afetem em nada, mas vai ser divertido descobrir o que está realmente ocorrendo.

Houve uma ocasião em que trabalhei para um chefe que

gostava de ser sempre o último a sair. Eu achava que ele era responsável e trabalhador. Quando ele foi preso por fraude contábil é que eu percebi que permanecer no escritório depois que todos já haviam saído era uma oportunidade para alterar os livros. E lá estava eu cheio de admiração por sua dedicação à firma.

Sempre pergunte:

- Por que isto está acontecendo?
- Está se passando alguma coisa que eu não sei?
- Quem se beneficia com isto?
- Como está se beneficiando?
- O que mais pode estar acontecendo?
- Eu também posso me beneficiar?
- De que jeito?

Como eu disse antes, não fique paranóico. Fique com os fatos.

REGRA 9.9

DESCUBRA QUEM SÃO OS FAVORITOS E FAÇA AMIZADE COM ELES

Todo chefe tem os seus favoritos. Eu sei que não deveria ser assim, mas faz parte da natureza humana. Até mesmo os pais têm seus filhos preferidos, embora nunca admitam isso.

Existem duas partes nesta regra:

- Se existe favoritismo em seu departamento – e é claro que deve existir –, dê um jeito para que o queridinho de seu chefe seja você mesmo.
- Esforce-se ao máximo para conhecer os outros preferidos nos demais departamentos.

Se seu chefe é do tipo que não consegue esconder seu favoritismo, você pode enfrentar o sistema ou tentar tornar-se o preferido. Se conseguir tornar-se o favorito, pelo amor de Deus, não fique se exibindo na frente dos colegas. Seja discreto e negue tudo, seja humilde e não admita, seja modesto e finja que não há nada disso.

Para tornar-se o favorito, você precisa demonstrar habilidade, presença, carisma, talento, destreza, experiência, cordialidade, encanto e afabilidade. Você nunca deve apelar para adulação, bajulação ou subserviência, nem transformar-se em dedo-duro, capacho ou puxa-saco de seu chefe. Você tem de merecer a posição de favorito e não se apropriar dela. Se fizer isso, será odiado por seus colegas. Se você conquistar essa condição porque é digno de confiança, cumpre todas as suas tarefas com capricho, é eficiente e honesto, então seus colegas terão de aceitar a situação, mesmo que não gostem muito.

Descobrir quem são os favoritos nos outros departamentos deve ser relativamente fácil. Eles receberão um tratamento bastante semelhante ao que você recebe. Eles vão:

- Ter prioridade para marcar suas férias.
- Merecer confiança e ser tratados como confidentes.
- Ser convidados a participar de reuniões.
- Conseguir as funções mais importantes e obter os maiores privilégios.
- Bater papo com o chefe, em vez de ouvir os gritos dele.

Assim que identificar um deles, faça amizade. Dessa forma, você vai ficar sabendo o que está acontecendo na empresa, vai pertencer ao círculo do poder, vai ser escutado pelos chefes dos outros departamentos e, finalmente, fará parte da elite corporativa. Se, por outro lado, a sua ética pessoal realmente desaprova todo e qualquer favoritismo, não faça nada que seja aconselhado por esta regra.

REGRA 9.10

CONHEÇA A MISSÃO DA EMPRESA – E ENTENDA-A BEM

Nos velhos tempos, a missão de uma companhia devia ser esta: "Ganhar tanto dinheiro quanto possível, para que os acionistas fiquem felizes e não peguem no nosso pé." Só que agora as declarações de objetivos são muito mais complexas. Se você quiser ter sucesso, tem de conhecer e entender a missão da sua empresa – e tirar proveito disso. Saber a missão de cor e citá-la nas ocasiões apropriadas fará com que você ganhe pontos junto ao alto escalão. Mas, se descobrir que seu chefe não apóia a declaração de objetivos da companhia ou considera essas coisas uma bobajada, não abra a boca quando esse assunto vier à tona.

Entender a missão de uma empresa, em geral, é bastante fácil. A Walt Disney, por exemplo, tem como objetivo "Tornar as pessoas felizes". No entanto, para realmente compreender o que isso significa, você tem de ler todas as letrinhas miúdas. Por exemplo, a missão da Disney é muito simples, mas existem outros fatores envolvidos, porque a empresa também possui uma declaração de valores que prega:

- nenhum cinismo;
- criatividade, sonhos e imaginação;
- divulgação da "moral americana";
- atenção à consistência e ao detalhe;
- preservação e controle da "Magia Disney".

Se você não puder encontrar alguma coisa aqui – presumindo que trabalhe para a Disney – de que possa tirar proveito, então não é digno de se intitular um jogador das regras. Imagine o poder que você poderia exercer em reuniões, se fosse capaz de citar pelo menos algum desses valores. Alguém sugere uma idéia que não lhe agrada e você simplesmente declara que ela não está de acordo com a moral americana. Brilhante.

Algumas declarações de objetivos ao longo da história foram grandiosas e poderiam ter sido muito bem aproveitadas:

- Ford (início dos anos 1900): "Democratizar o automóvel."
- Sony (começo dos anos 1950): "Tornar-se a companhia mais conhecida por ter transformado no mundo inteiro a imagem de baixa qualidade que os produtos japoneses tinham até então."
- Boeing (1950): "Tornar-se a empresa dominante na aviação comercial e conduzir o mundo à era do jato."
- Wal-Mart (1990): "Tornar-se uma companhia de US$ 125 bilhões até o ano 2000."

R E G R A 1 0

SAIBA COMO LIDAR COM A CONCORRÊNCIA

Se existe uma promoção à vista e cinco candidatos possíveis, o que você deve fazer para identificá-los? E depois como você demonstra que é a escolha óbvia? A *regra 10* vai ensiná-lo a descobrir quem são seus concorrentes – a oposição. E a tornar-se o favorito, sem precisar ser impiedoso nem agir de maneira sorrateira. De fato, se você praticar esta regra com todo o cuidado, vai conseguir até mesmo que seus rivais o recomendem e prefiram que você seja promovido antes deles.

REGRA 10.1

DESCUBRA QUEM SÃO SEUS CONCORRENTES

Surgiu uma possibilidade de promoção e você quer aproveitá-la, dar o próximo passo na sua carreira. Essa promoção se encaixa perfeitamente em seu plano de longo prazo. A oportunidade e a ocasião são ideais para que você cumpra essa etapa. O problema é que você não está sozinho no páreo. Há outras pessoas que têm de ser consideradas – e eliminadas, naturalmente. Para todas as indicações ou nomeações, existem duas categorias de candidatos:

- os internos;
- os externos.

Os candidatos internos são seus colegas de escritório, o pessoal de outros departamentos, funcionários de outras sucursais, colaboradores de outras áreas. Entre seus colegas mais próximos, provavelmente você sabe muito bem quem está interessado no cargo e quem não está. O pessoal de outros departamentos pode ser identificado através de suas fontes – a essa altura você já deve ter travado relações de amizade com os favoritos de cada departamento (*regra 9.9*). Os funcionários de outras sucursais já são um desafio um pouco maior, mas você deve ter contatos nas outras filiais e pode utilizá-los para obter esse tipo de informação (*regra 5.8*). Os candidatos que provêm de outras áreas dentro da mesma organização constituem o verdadeiro teste. Em geral, você nem fica sabendo a respeito deles, até aparecerem subitamente na sala de entrevistas.

No princípio dos anos 1970, quando trabalhava para a American Express, eu entrei numa disputa para ser promovido a supervisor de departamento. Já havia eliminado os potenciais concorrentes do meu próprio setor, verificado a ameaça que poderia vir de outros departamentos e sucursais – não havia ninguém – e me sentia seguro e relaxado quando, abracadabra!, apareceu um novo candidato de uma área completamente diferente. Eu trabalhava na contabilidade e essa pessoa vinha do setor de segurança. Segurança! Eu lhe pergunto: o que ele poderia saber a respeito de supervisão de contabilidade? Muito. Pelo menos era o que a diretoria acreditava, porque foi ele quem ficou com o cargo. Eu nem tive tempo de demonstrar que era melhor que esse camarada. Fui pego de surpresa. Nunca mais.

Os candidatos que vêm de fora da companhia também são um problema sério. Você não faz a menor idéia de quem está concorrendo à vaga. Mas você pode:

- Ficar de olho nos anúncios de recrutamento da companhia para saber o que está sendo exigido dos candidatos.
- Usar seus contatos para saber quais os candidatos externos que entraram na lista final.
- Lançar mão de suas fontes novamente para descobrir quem vai ser chamado para uma entrevista e que tipo de competidores terá de enfrentar.

Lembre-se de que informação é poder. Você pode não gostar do que vai descobrir, mas pelo menos ficará sabendo o que o espera.

R E G R A 10.2

ESTUDE A CONCORRÊNCIA

Se você está na disputa por um cargo e sabe que existem outros interessados, precisa inicialmente ler, entender e assimilar tudo o que está sendo solicitado aos candidatos. Você precisa adaptar seu currículo para salientar suas qualificações para a função e melhorar sua técnica de entrevistas, de tal modo que se encaixe à perfeição no perfil do candidato ideal. Depois, terá de estudar o que os competidores estão fazendo. Suponhamos que o cargo seja de supervisor da divisão de vendas de softwares. Você sabe que possui:

- experiência em vendas;
- conhecimento dos softwares da companhia;
- pouca experiência em supervisão de outros funcionários.

Agora verifique as qualificações dos seus concorrentes. Suponhamos que haja dois outros candidatos:

- Tony possui um bom conhecimento prático dos produtos, tem boa experiência como supervisor de pessoal, mas não sabe nada sobre vendas.
- Sandra é boa em vendas, tem uma excelente experiência como supervisora de pessoal, mas não conhece o produto nem entende coisa alguma de softwares.

Quem é o candidato ideal? Vai depender inteiramente daquilo que a diretoria está procurando – ou daquilo que pensa estar procurando. O cargo necessita de três tipos de qualificações diferentes: vendas, conhecimento do produto e habilidades de supervisão. Você possui duas delas, do mesmo modo que os outros candidatos. Mas qual das três é a mais importante para a diretoria? Você precisa:

- Saber exatamente a descrição do trabalho, seus pré-requisitos e as tarefas que terá de cumprir.
- Estabelecer uma ligação com a pessoa que está ocupando essa função agora.
- Descobrir qual é a posição da diretoria sobre essa vaga.

Se o foco da diretoria for em uma das duas áreas em que você é forte, então já conseguiu eliminar um dos concorrentes. Agora é uma corrida de dois cavalos. Porém, se a terceira opção – supervisão, justamente a área em que você é mais fraco – for primordial, você terá de dar um jeito de desviar a atenção para suas próprias habilidades. Durante a entrevista, deverá apresentar boas razões para que sua falta de experiência como supervisor não o desqualifique para o emprego – deve falar bastante sobre o produto e sobre como é essencial ter um bom conhecimento dele, assim como frisar a importância de uma vasta experiência em vendas e demonstrar como um departamento pode viver ou morrer em função de seu índice de vendas.

Esse é apenas um exemplo. No mundo real, a situação é muito mais complicada.

REGRA 10.3

NÃO APUNHALE NINGUÉM PELAS COSTAS

A única coisa que você não pode fazer em sua corrida para o topo é apunhalar alguém pelas costas. Nunca tente derrubar seus oponentes por meios ilegais. Tudo bem que você destaque seus próprios talentos e habilidades, que tente influenciar a diretoria da empresa salientando seus pontos fortes e sugerindo que a ausência desses atributos é um ponto fraco para quem deseja ocupar essa posição. Você tem o direito de sugerir e insinuar. O que não pode é declarar abertamente por que julga seus concorrentes despreparados, inúteis ou incompetentes. Você insinua que eles não merecem a promoção ao mostrar à administração suas próprias qualificações, e não apontando a incompetência deles.

Veja o que você não deve fazer:

- Denegrir seus oponentes.
- Dar-lhes uma facada pelas costas.
- Falar mal de alguém (*regra 4*).
- Inventar mentiras a respeito dos outros (*regra 5.4*).
- Revelar informações secretas sobre os competidores que possam diminuir as chances deles.
- Roubar informações.
- Espiar, espreitar, espionar.

Mas o que você pode fazer, então? Bem, você pode:

- Empregar quaisquer contatos que tenha para descobrir a força dos seus concorrentes.
- Favorecer criativamente seus próprios atributos, tomando por base aquilo que o alto escalão está buscando.
- Salientar seus próprios pontos favoráveis, chamando atenção para habilidades especiais e especializações que você sabe que seus competidores não possuem – você não precisa dizer que eles não têm as habilitações necessárias, apenas faça com que a diretoria saiba que você as possui.
- Vender uma idéia aos diretores da empresa de algo de que eles nem sabiam que precisavam para o cargo, alguma coisa que seus rivais não possuam.

"Nunca tente derrubar seus oponentes por meios ilegais."

REGRA 10.4

CONHEÇA A PSICOLOGIA DA PROMOÇÃO

Suponhamos que uma vaga foi aberta dentro de sua empresa. Você está muito interessado nesse cargo. Encaixa-se perfeitamente no seu plano de jogo, e o aumento de salário viria na hora certa. Você tem a especialização, a experiência e as qualificações necessárias, e pensa em se apresentar para o posto. Ótimo. Mas o que está sendo realmente decidido aqui? E quais são os critérios que serão usados?

Você pensa que o cargo está vago e que a pessoa que apresentar todos os atributos requeridos – especialização, experiência e qualificações – vai preencher a vaga. Ou seja, você se considera o candidato perfeito. Sinto muito, mas não é tão simples assim. Em geral, existem muito mais coisas acontecendo além do que você sabe. Por exemplo, o posto pode ter sido anunciado porque:

- O escritório central diz que o cargo tem de ser preenchido, mas seu gerente não tem a menor intenção de fazer isso.
- Seu gerente já escolheu, extra-oficialmente, quem vai ocupá-lo – a posição já foi oferecida em segredo a alguém que ele conhece.
- Esse posto deixará de existir, por isso a idéia é passá-lo a alguém que será demitido dentro de seis meses.
- É uma perda de tempo – a pessoa que já executa essa tarefa pediu demissão, mas vai voltar atrás no último momento, só estava fazendo pressão para conseguir um aumento de salário.

- É uma forma de se livrar de um colaborador – a gerência vai colocar essa pessoa numa posição completamente inadequada para queimá-la e ter motivos para demiti-la.
- O emprego só foi criado para que o gerente possa oferecê-lo a seu favorito, sua amante, um amigo, um parente, alguém que o esteja chantageando.

Eu não quero deixá-lo paranóico, mas há mil e uma razões possíveis para você não conseguir esse emprego, apesar de ser, no papel, a pessoa mais indicada para exercê-lo. Pode haver também um milhão de razões para que você não se apresente para o cargo. Você tem de saber tudo isso. Estude o que há por trás de qualquer cargo que esteja sendo oferecido. Pode não ser exatamente o que parece.

REGRA 10.5

NÃO REVELE SEUS PLANOS A NINGUÉM

Provavelmente, é aconselhável não contar a ninguém que você:

- Pretende se candidatar a uma nova posição dentro da companhia.
- Deseja se candidatar a um novo emprego fora da companhia.
- Está pensando em deixar a firma.
- Está planejando pedir um aumento de salário.
- Está estudando a possibilidade de mudar de horário.
- Está jogando de acordo com as regras do trabalho.

Não fique batendo papo com ninguém a respeito do que está fazendo. As pessoas podem pensar que você está se gabando – e o jogador que sabe usar as regras nunca se gaba, é a própria encarnação da humildade. Ou seus comentários podem dar motivo para fofocas, outra coisa que você deve evitar. Se você disser qualquer coisa a uma pessoa sequer, a notícia vai se espalhar. Ela vai contar a seu amigo mais próximo, que vai contar a um colega e assim por diante, até que seu chefe irá chamá-lo na sala dele para saber que história é essa de que você vai deixar a firma na segunda-feira que vem – quando tudo o que você fez foi mencionar casualmente com Susan que estava "pensando" em procurar novas oportunidades profissionais. Se você revelar detalhes de sua vida, pode:

- Virar alvo de fofocas de comadres, rumores e falatórios.

- Dar margem a que os outros utilizem essas informações contra você.
- Facilitar a vida de seus oponentes, dando-lhes vantagens sobre você.
- Dar informações à gerência que ela não deveria ter a esta altura.

Não se permita sequer pensar em voz alta. Guarde suas intenções para si mesmo e assim não irá cometer nenhum erro grave. O que você pretende fazer é assunto inteiramente seu e não interessa a mais ninguém. Se você precisar de alguma informação e alguém perguntar por que você quer saber isso, seja evasivo ou dê uma desculpa. Não, isso não é mentira, é só um truque para despistar. Não minta – basta ser reservado, discreto, inventivo, criativo, excêntrico e usar seu direito de desviar a atenção para outras coisas.

Se alguém lhe perguntar diretamente se você está pensando em se candidatar a determinada posição em particular, dê um jeito de afastar a questão: "Ora, estou sempre pensando em me candidatar a alguma coisa..." Isso significa "sim" ou "não"? Lembre-se, não minta. Não diga "não" se isso claramente não for verdade, pois você será considerado mentiroso quando souberem que acabou se candidatando.

> "Não se permita sequer pensar em voz alta. Guarde suas intenções para si mesmo e assim não irá cometer nenhum erro grave."

REGRA 10.6

MANTENHA OS OUVIDOS SEMPRE ABERTOS

Se você não souber o que está se passando ao seu redor, como poderá tomar decisões e administrar seu plano de carreira? Pode ser uma informação tão simples como saber se outra pessoa se candidatou ao posto que você deseja. Se esse concorrente tiver mais experiência, for mais bem qualificado ou tiver uma especialização ou habilidades mais desenvolvidas nessa área, pode ser sensato desistir da pretensão por enquanto. Se você não desistir, será preterido, ou seja, vai falhar – e quem sabe jogar com as regras não falha nunca, sempre tem sucesso.

Agora, veja bem, você não está interessado em fofocas, está atrás dos fatos. Você quer saber o que está acontecendo, sem ter de escutar conversa mole. Portanto, faz sentido:

- Usar seus contatos para obter informações de outros departamentos.
- Prestar muita a atenção durante as reuniões. Com freqüência, é surpreendente a quantidade de informações que você pode captar se tiver desenvolvido a habilidade de ler nas entrelinhas.
- Tentar descobrir os "motivos não declarados": aquilo que as pessoas lhe dizem pode estar mascarando o que realmente está em andamento.
- Cultivar a amizade dos favoritos do escritório e descobrir que, invariavelmente, eles conhecem coisas de que os meros mortais nem desconfiam. Você só tem de dar corda para eles entregarem o ouro.

- Manter-se informado pelos mais diversos meios. Nas páginas de economia dos jornais, por exemplo, você pode encontrar informações que "vazaram" para a imprensa antes que os funcionários ficassem sabendo: a nova fusão, a tomada de controle acionário, a aquisição de uma companhia rival, uma série de fragmentos que podem colocá-lo um passo à frente de seus colegas e competidores.

Muitas pessoas não chegam a lugar algum *com seu trabalho* porque passam tempo demais *fazendo seu trabalho*. É preciso levantar a cabeça de tempos em tempos e dar uma boa espiada em volta. Você pode descobrir que o rebanho inteiro seguiu em frente, enquanto você estava ocupado pastando, e que agora está sozinho e esquecido por todos.

"Muitas pessoas não chegam a lugar algum *com seu trabalho* porque passam tempo demais *fazendo seu trabalho*."

REGRA 10.7

FAÇA COM QUE SEUS OPONENTES PAREÇAM INSUBSTITUÍVEIS

Já estudamos os motivos por que você não pode trair seus oponentes – *regra 10.3: Não apunhale ninguém pelas costas.* Você também já sabe que não pode fazer comentários negativos a respeito de seus colegas – *regra 4: Se não tiver nada de bom para dizer, não diga nada.* Mas, seja como for, um de seus competidores está começando a ficar muito íntimo de seu chefe, e tudo indica que aquela promoção irá para ele e não mais para você. O que você deve fazer? Todo o possível para que ele pareça insubstituível, é claro. Mencione todas as tarefas necessárias mas não essenciais que ele realiza. Destaque todos os pontos fortes de seus concorrentes em áreas aborrecidas e monótonas. "Santo Deus, eu nem sei o que faríamos sem a Rachel nos arquivos. O signo dela deve ser Virgem, de tão boa que ela é nesse tipo de coisa." Você só vai apontar aquelas coisas que seus rivais fazem genuinamente bem. Não vai mentir – *regra 5.4: Nunca minta* –, vai simplesmente elogiar determinada habilidade deles. Uma habilidade que será mais bem aproveitada se eles permanecerem justamente onde estão.

Seu chefe é seu cliente – você vende seus serviços a ele. Seus colegas são a concorrência. Se você vendesse carros e alguém lhe perguntasse se a concessionária ao lado vendia carros melhores, o que você diria? Certamente você não iria dizer: "Sim, eles vendem carros muito melhores que os nossos, e mais baratos também. De fato, você deveria ir lá agora mesmo e comprar um dos carros deles." Mas você também não vai dizer algo muito ruim: "Cuidado, os carros deles são todos roubados!" O que você pode dizer é: "Os automóveis deles são muito bons, mas se destinam a outro tipo de cliente. Eles vendem principalmente carros populares." Você não mentiu. Indiretamente, elogiou seu cliente – a mensagem por trás do que você disse é: "Você precisa de um automóvel do tipo executivo, muito mais elegante, moderno e potente do que os modelos modestos que eles vendem na concessionária do lado." Contudo, você não disse nada de mau a respeito deles.

Você também pode levar seu concorrente a se questionar a respeito do novo posto. "Se você conseguisse esse cargo, como é que ia lidar com todas aquelas reuniões? Você sempre disse que odiava reuniões..." A esperança é que ele ou ela comece a pensar em todas aquelas reuniões monótonas, intermináveis e intimidadoras que terá de presidir e desista de sua pretensão. Você, por outro lado, considera as reuniões estimulantes, excitantes e produtivas – mas não disse nada desagradável, apenas fez uma pergunta. Com isso você faz com que a pessoa queira permanecer justamente onde está – *ela mesma* vai procurar tornar-se insubstituível.

"Seu chefe é seu cliente.
Seus colegas são
a concorrência."

REGRA 10.8

NÃO PREJUDIQUE A CONCORRÊNCIA COM ELOGIOS MENTIROSOS

A regra anterior pode ter deixado a impressão de que estávamos prestes a agir de modo desleal, sorrateiro ou impiedoso. Mas não é nada disso. Tudo o que você disser a respeito de seus competidores deve ser real, sincero e honesto. Não elogie seus oponentes, a menos que você de fato acredite que eles merecem louvores. É muito fácil prejudicar alguém por meio de elogios, fingir que está "defendendo", quando, na realidade, você está sendo pérfido e caluniador. Você pode achar que esta é uma abordagem perspicaz, mas não é. Logo, logo as pessoas vão perceber o que você está fazendo e passar a considerá-lo mesquinho, vingativo e cruel. Lembra-se da *regra 4: Se não tiver nada de bom para dizer, não diga nada?* Bem, você pode pensar que vai se dar bem dizendo coisas maliciosas disfarçadas de elogios, mas não vai. Este é o tipo de comportamento proibido:

- "Ah, Bill é genial, tão inteligente que chega a ser quase louco. Ele tem idéias independentes e consegue ótimos resultados operando fora das regras estabelecidas. Ele é muito original e excêntrico..."

O que você realmente quis dizer foi: "Ele é um lobo solitário, meio maluco e não merece confiança para supervisionar sequer uma festinha de crianças, que dirá um departamento inteiro..."

- "Bill é muito determinado. Ele não se importa com os custos, gasta o que for preciso para cumprir as mínimas exigências do trabalho. Ele só se satisfaz com soluções do mais alto nível. Gosta de fazer as coisas até o fim, não importa o que aconteça. Eu admiro sua capacidade de se concentrar no resultado final e não se preocupar com o orçamento do projeto."

O que você realmente quis dizer foi: "Não dá para confiar na maneira como ele gasta o próprio dinheiro, que dirá o dinheiro dos outros..."

- "Bill é muito popular com os colegas. Ele sabe quando deixar as obrigações de lado e se divertir. Admiro sua capacidade de tomar cerveja sem se embriagar. Se alguém quiser promover qualquer brincadeira maluca no escritório, pode contar com Bill. Ele tem espírito livre e jovem."

O que você realmente quis dizer foi: "Ele é um bêbado, irresponsável, não merece confiança para mandar nos colegas e tem a idade mental de um adolescente..."

- "Ninguém consegue manter Bill preso no escritório. Ele é cheio de vigor. Não acredito que nossa gaiolinha seja grande o bastante para alguém tão cheio de energia. Olhe, eu sinto inveja dele. Fico sentado aqui, preenchendo a papelada e fazendo relatórios, enquanto ele sai por aí, conversando com clientes, estabelecendo contatos e fazendo vendas brilhantes."

O que você realmente quis dizer foi: "Bill não sabe preencher a papelada nem fazer relatórios."

Não caia nessa armadilha. Seus superiores vão perceber o que você está tentando fazer e, se forem pessoas decentes, não vão gostar nem um pouquinho.

REGRA 10.9

APROVEITE OS MOMENTOS QUE PODEM DAR BRILHO À SUA CARREIRA

De vez em quando surge uma oportunidade de fugir da rotina, do cotidiano monótono e aborrecido. Esses momentos de intensa atividade ou de exposição pública servem para realçar e abrilhantar sua carreira. Isso pode acontecer:

- na entrevista inicial de seleção;
- no seu primeiro dia no emprego;
- ao fazer uma apresentação;
- ao organizar uma exposição;
- ao presidir uma reunião importante;
- ao ser nomeado para dirigir os programas de treinamento de pessoal;
- ao se sair bem de uma crise;
- ao negociar com os sindicatos;
- ao organizar a festa do escritório;
- ao fazer contatos importantes e trazer prestígio para a empresa;
- ao editar o boletim interno da empresa;
- ao lidar com a mídia;
- ao supervisionar a mudança do escritório para um novo local.

Diante de qualquer dessas opções, a maioria das pessoas entra em pânico e fica se lamuriando: "Ai, meu Deus! Por que me escolheram para organizar a exposição para a feira nacional deste ano? Eu não mereço isso."

Você, por outro lado, conhece esta regra: este é um bom momento para fazer sua carreira deslanchar, aproveitando a oportunidade para brilhar bastante. Não existe trabalho ruim, só atitudes ruins diante do trabalho.

Procure sempre tornar essas tarefas mais interessantes, mais rápidas, melhores, e tente enxergá-las de um outro ângulo: elas são os meios pelos quais você pode brilhar.

"Não existe trabalho ruim,
só atitudes ruins diante
do trabalho."

REGRA 10.10

CULTIVE A AMIZADE E CONQUISTE A APROVAÇÃO DOS SEUS COLEGAS

Se você seguir todas as regras apresentadas neste livro, será íntegro, amável, confiável, agradável e autoconfiante. Você se portará como uma pessoa madura e ao mesmo tempo divertida. Para progredir na carreira, você precisa não só do apoio de seus companheiros de trabalho como também de sua amizade e aprovação. Sem isso, estará dando margem a ser caluniado, derrubado preterido ou demitido. Mas como cultivar a amizade e o apoio deles quando está fazendo tudo o que está a seu alcance para ser promovido e tornar-se o chefe?

O melhor a fazer é continuar sendo parte do grupo, ao mesmo tempo em que se mantém a uma certa distância. Você tem de correr com as ovelhas e caçar com os lobos. Você tem de ser "um deles" e *também* um dos chefes.

Você deve ser sociável com os colegas da equipe, mas sem perder o controle, sem se embriagar, sem dormir nem se envolver emocionalmente com ninguém. Você ri quando eles lhe contam uma piada, mas não viaja nas férias com eles. Escuta seus problemas, mas não diz que são triviais ou inconseqüentes. Você os apóia e os ajuda quando estão sob pressão, mas permanece calmo o tempo todo. Você tem de ser ao mesmo tempo um pai protetor (ou uma mãe protetora), um amigo e um confidente. Você pode escutar suas queixas e reclamações a respeito do gerente ou da empresa, mas não deve revelar quem você realmente é – seu eventual chefe em algum lugar do futuro.

Você deve ajudá-los em seu trabalho, para que eles passem a confiar em você. Você precisa ser o diplomata, o conciliador, o árbitro, o camarada e o padre. Todos devem gostar de você, porque você é uma pessoa boa e cordial.

Você tem de ser a fonte de energia da equipe. Faça com que seus companheiros se sintam especiais ao seu lado e acreditem que, sem você, suas vidas são sem graça e tediosas. Você é a vida e a alma da festa, aquele que organiza tudo e ainda limpa a sujeira depois.

Tudo isso é possível. Não é fácil, mas é possível. Se você conquistar a simpatia e a amizade de seus colegas de trabalho, eles serão os primeiros a empurrá-lo para a frente. Eles vão querer que você seja o novo chefe, vão exigir sua liderança. Você se tornará o exemplo supremo do jogador que sabe usar as regras a seu favor.

INFORMAÇÕES SOBRE OS PRÓXIMOS LANÇAMENTOS

Para receber informações sobre os lançamentos da EDITORA SEXTANTE, basta enviar um e-mail para atendimento@esextante.com.br ou cadastrar-se diretamente no site www.sextante.com.br

Para saber mais sobre nossos títulos e autores, e enviar seus comentários sobre este livro, visite o nosso site: www.sextante.com.br

EDITORA SEXTANTE
Rua Voluntários da Pátria, 45 / 1.404 – Botafogo
Rio de Janeiro – RJ – 22270-000 – Brasil
Telefone: (21) 2286-9944 – Fax: (21) 2286-9244
E-mail: atendimento@esextante.com.br